Le Testu, königlicher Lotse aus Le Havre, nimmt an der Einrichtung einer französischen Kolonie in Rio de Janeiro teil. Er stirbt 1572 während einer Expedition an die mexikanische Küste, die er zusammen mit dem Engländer Francis Drake unternimmt.

„Nachdem wir losgesegelt waren und den
52. Breitengrad unter dem antarktischen Himmel

am Tag des Fests der 11000 Jungfrauen erreicht hatten

fanden wir auf wunderbare Weise eine Meerenge,

die wir Kap der 11000˚Jungfrauen tauften.

Die Durchfahrt ist dort etwa 110 deutsche Meilen lang
– das macht 440 Seemeilen –

und nur eine halbe deutsche Meile weniger breit

Auf der anderen Seite liegt ein Meer,
das ‚Stiller Ozean' genannt wird."

Antonio Pigafetta,
„Die erste Reise um die Erde“

Etienne Taillemite, geboren 1924,
ist Ehrengeneraldirektor der Archive Frankreichs.
Er widmete den größten Teil seines Lebens der
Erforschung der Geschichte der Seefahrt. Seit 1986 ist
er Präsident der Marineakademie in Paris.
Er gab die Reisetagebücher des Seefahrers Bougainville
heraus und publizierte ein Lexikon der französischen
Seefahrer.

Deutsche Textfassung: Barbara Delcker-Wirth
Wissenschaftliche Bearbeitung:
Birgit Neuhardt, Ethnologin, und Frank von Berger, Ethnologe

CIP-Titelaufnahme der Deutschen Bibliothek

Die Entdeckung der Südsee : auf der Suche nach
der „terra incognita“ / Etienne Taillemite. [Dt. Textfassung:
Barbara Delcker-Wirth. Wiss. Bearb.: Birgit Neuhardt u.
Frank von Berger]. – Dt. Erstausg. – Ravensburg: Maier, 1990
(Abenteuer Geschichte; Bd. 14)
Einheitssacht.: Sur des mers inconnues <dt.>
ISBN 3-473-51014-9
NE: Taillemite, Etienne [Mitverf.]; Neuhardt, Birgit [Bearb.]; EST; GT

ABENTEUER GESCHICHTE

Deutsche Erstausgabe als Ravensburger Taschenbuch

Die Originalausgabe erschien unter dem Titel
„Sur des mers inconnues – Bougainville, Cook, Lapérouse“

Redaktion der deutschen Fassung: Martin Sulzer

Satz: Eduard Weishaupt, Meckenbeuren
Printed in Italy by Soc. Editoriale Libraria

5 4 3 2 94 93 92 91

ISBN 3-473-51014-9

DIE ENTDECKUNG DER SÜDSEE

Auf der Suche nach der „terra incognita“

Etienne Taillemite

Otto Maier Ravensburg

Erstes Kapitel

DIE ERSTE WELTUMSEGELUNG

Am 10. August 1519 sticht eine Flotte von Sevilla aus in See. Sie ist auf der Suche nach einem neuen Seeweg zu den sagenhaften Reichtümern der Gewürzinseln. Der Kapitän der Flotte, Fernando Magellan, weiß, daß er sich auf ein großes Abenteuer einläßt. Als erster Europäer überquert er den Pazifischen Ozean. Allerdings haben ihm dafür andere schon den Weg bereitet.

Noch im 13. Jahrhundert weiß man in Europa nichts von den Kulturen jenseits der großen, unüberbrückbaren Ozeane. Man verfügt über keine Schiffe, die für die Fahrt auf hoher See geeignet sind.

Im ausgehenden Mittelalter und zu Beginn der großen Entdeckungsreisen beschränkt sich die Welt für die meisten Europäer noch auf ihre nähere Umgebung. Wenn man überhaupt an die Existenz von Menschen auf der anderen Seite des Globusses glaubt, so stellt man sie sich als „Antipoden" (Gegenfüßler) vor, Menschen, die mit dem Kopf nach unten hängen. Alles Wissen über die Größe der Erde, ihre Form und das Verhältnis zwischen Land und Wasser ist allenfalls annähernd richtig.

Vermutlich haben europäische oder asiatische Seefahrer den Pazifik bereits vor dem 15. Jahrhundert erreicht, ohne daß wir das heute belegen könnten. Vielleicht sind die Wikinger bis nach Polynesien gekommen, möglicherweise haben schon chinesische Segelschiffe die Küste Mexikos entdeckt und, so glauben einige Spezialisten, wahrscheinlich auch die Inseln im westlichen Pazifik. Doch bis heute wissen wir wenig Genaues darüber. Im 15. und 16. Jahrhundert sind die Reisen dieser Völker jedenfalls in Europa noch nicht bekannt.

Im Jahr 1492 richtet Christoph Kolumbus die königliche spanische Standarte in einem bis dahin in Europa unbekannten Teil der Erde auf – dem amerikanischen Kontinent. Dieses Jahr steht am Anfang einer Epoche, in der Spanien eine wesentliche Rolle spielen und zu einem riesigen Reich werden soll. Kolumbus erhält ein Wappen (links oben) vom spanischen König: Es zeigt Schloß und Löwe des Königs von Kastilien und León, den Anker, der den Admiralstitel versinnbildlicht, sowie links davon Inseln als Zeichen für die Neue Welt.

Erst durch die Reisen von Christoph Kolumbus und Vasco da Gama rückt der Pazifik ins Blickfeld der Europäer.

Anfang des 14. Jahrhunderts beginnen die ersten europäischen Seefahrer, den Atlantik zu erkunden. Erst etwa 100 Jahre später „wächst" die Welt dank dieser Reisenden in einem vorher nicht gekannten Ausmaß.

Als Christoph Kolumbus 1492 versucht, China und Indien auf dem Seeweg nach Westen zu finden, und dabei Amerika entdeckt, beginnen Spanier und Portugiesen, die westliche Hemisphäre in Besitz zu nehmen. Die Eroberer Mittelamerikas gelangen über den Isthmus von Panama bald schon zum Pazifik. Nur wenige Jahre nach Kolumbus, im Jahr 1497, macht sich der Portugiese Vasco da Gama – wie schon Bartolomeu Diaz vor ihm –

auf die Suche nach der Ostpassage nach Indien. Er verläßt Lissabon im Juli und segelt in den südlichen Atlantik, umrundet das Kap der Guten Hoffnung, folgt der Ostküste Afrikas und gelangt schließlich an die Westküste Indiens. Mit dieser Reise beginnt die Herrschaft Portugals über den Indischen Ozean. Der Grundstein für das portugiesische Weltreich, das sich einmal bis zu den Gewürzinseln (Molukken) ausdehnen soll, ist gelegt.

Unter Heinrich dem Seefahrer erlebt Portugal dank der Entwicklung der nautischen Kenntnisse im 15. Jahrhundert eine weitere Ausdehnung seines Herrschaftsbereichs.

Die bekanntesten Seefahrer und *Kartographen* * der Zeit halten sich in Lissabon auf, weil dort die großen Expeditionen finanziert und organisiert werden. In Sagres werden ein Observatorium eingerichtet, eine Bibliothek und eine Marineakademie gegründet. Der König fördert die Entwicklung von *Navigationsinstrumenten* und das Anfertigen von Seekarten. So entwickelt sich Portugal zum Zentrum des geographischen Wissens in Europa. Nach und nach tauchen auch geographische Werke der Antike wieder auf, die seit dem 5. Jahrhundert unter dem Einfluß der Kirche in Vergessenheit geraten waren: Die antiken Schriften galten als heidnische Ketzerei. Doch durch die

Die portugiesischen Eroberungen, die unter der Herrschaft Heinrichs des Seefahrers (links) beginnen, erstrecken sich über beinahe ein Jahrhundert. 1415 kommen die Portugiesen an die nordafrikanische Küste, 1443 an die Senegals, 1457 zum Archipel der Kapverdischen Inseln, 1469 überqueren sie den Äquator. Bartolomeu Diaz umrundet das Kap der Guten Hoffnung 1487, zehn Jahre später erreicht Vasco da Gama (oben) Indien.

* *kursive Begriffe* siehe Glossar Seite 191.

Portugiesische Karakken, die für die Entdeckungsreisen im 15. und 16. Jahrhundert benutzt werden. Der erhöhte Aufbau am Heck wird als „Kastell“ bezeichnet.

Expedition Magellans gewinnt man Erkenntnisse über die Kugelform der Erde – die der griechische Mathematiker Ptolemäus schon 15 Jahrhunderte früher beschrieben hat. Die Wiederentdeckung des Wissens der Antike und die großen Reisen des 12. und 13. Jahrhunderts – allen voran die Reise Marco Polos nach Zentralasien und nach China – schlägt sich in ersten exakteren Seekarten nieder.

Der Küstenverlauf wird auf Karten (sogenannten Portulans) eingezeichnet, auf denen die Entfernungen von Hafen zu Hafen festgehalten sind. Das ist erst durch die Erfindung des Kompasses, eines grundlegenden Navigationsinstruments, möglich geworden. Allerdings sind diese Karten noch kaum genauer als die des Griechen Ptolemäus im 2. Jahrhundert. Doch auf allen ist schemenhaft ein Kontinent – die *„terra australis incognita“* – eingezeichnet. Man kennt diesen Kontinent zwar nicht, doch glaubt man, daß er da sein müsse, um die Erde im Gleichgewicht zu halten, gleichsam als Gegengewicht zur Masse der eurasischen und afrikanischen Kontinente.

Die Technik des Schiffbaus verbessert sich im selben Maß wie die des Navigierens.

In der europäischen Seefahrt benutzt man seit der Zeit der Römer einen schweren, dickbauchigen Schiffstyp, der schlecht manövrierbar und nicht sehr schnell ist. Nur die Völker des Nordens, die Wikinger, segeln auf langgezogenen, leichten und eleganten Schiffen, mit denen es ihnen sogar gelingt, den Nordatlantik zu überqueren und an die Küsten Grönlands und Kanadas vorzustoßen.

Die Drachenschiffe der Wikinger werden den westeuropäischen Schiffsbauern zum Vorbild. Diese entwickeln daraus einen neuen Typ, die *Karavelle*. Diese Schiffe sind schnell und leicht und verfügen über ein verfeinertes Steuerungssystem und eine verbesserte Takelage. Mit solchen Schiffen gehen die Kapitäne Kolumbus und da Gama auf ihre großen Fahrten. Im Auftrag der Herrscher Spaniens und Portugals erschließen sie neue Schiffahrtswege, die die beiden Königreiche zu Weltmächten machen.

Im Norden Europas, in Skandinavien und den Hansestädten Bremen, Hamburg und Lübeck, entwickelt sich zu Beginn des 13. Jahrhunderts eine neue Technik im Schiffsbau, die es ermöglicht, über weite Entfernungen zu segeln.

1493 teilt Papst Alexander VI. die Welt in zwei Hälften, um den Auseinandersetzungen zwischen Spaniern und Portugiesen ein Ende zu setzen.

Aufgrund der ständigen Reibereien zwischen der spanischen und der portugiesischen Krone zieht Papst Alexander VI. eine fiktive Trennlinie um den Globus, die etwa 100 Meilen östlich von den Kapverdischen Inseln verläuft. Die entdeckten Territorien östlich dieser Grenze werden portugiesisch, die westlich davon spanisch.

Doch der portugiesische König – und Herrscher über die östliche Hälfte der Welt – ist unzufrieden und verlangt eine Grenzänderung. Daher wird die Grenze in dem Vertrag von Tordesillas 1494 noch einmal neu und endgültig festgelegt: 370 Meilen östlich der Kapverdischen Inseln.

Danach gehört Amerika zu Spanien und nur der äußerste Zipfel Brasiliens zu Portugal. Doch die Methoden zur Bestimmung von Entfernungen, die man zurücklegt, sind noch zu vage, um im Zweifelsfall mit Sicherheit sagen zu können, zu welchem Hoheitsgebiet bestimmte Landstriche zu rechnen sind.

1513 überquert der Spanier Vasco Nuñez de Balboa die Landenge von Panama, ohne zu wissen, daß die Portugiesen bereits von Osten her die Gewürzinseln (Molukken) im Pazifik erreicht haben. Balboa ist der erste Europäer, der die Ostküste des Pazifiks erreicht: Mit dem Schwert

Die ältesten Seekarten werden Ende des 13. Jahrhunderts in Italien gezeichnet. In Spanien und Portugal kommen Seekarten erst im 15. Jahrhundert, in England und Frankreich im 16. Jahrhundert in Gebrauch. Auf dieser Karte ist die Linie des Vertrags von Tordesillas eingezeichnet, die die Welt zwischen Spanien (im Westen) und Portugal (im Osten) aufteilt.

und der Flagge in der Hand nimmt er den „australischen Ozean“ für den König von Kastilien in Besitz.

Die Portugiesen ihrerseits vermuten, daß die Molukken schon sehr nahe an der Demarkationslinie liegen, und bemühen sich daher, die Inselgruppe fest unter ihre Herrschaft zu bringen. Die Spanier dagegen glauben, daß die Gewürzinseln im Pazifik unweit der Küste Amerikas liegen und damit zu Spanien gehören müßten. Der Portugiese Fernão de Magalhães, der unter dem Namen Fernando Magellan für Spanien segelt, vertritt ebenfalls diese Auffassung. So setzt er alles daran, von Westen zu den Molukken vorzudringen.

Am 29. September erreicht Vasco Nuñez de Balboa auf dem Landweg den Pazifik. Vom Atlantik her kommend, durchquert er die Wälder am Isthmus von Panama. Als er den Ozean sieht, fällt Balboa auf die Knie und dankt Gott. Dann geht er ins Wasser, zieht sein Schwert und ergreift offiziell im Namen des spanischen Königs von der „Südsee“ Besitz.

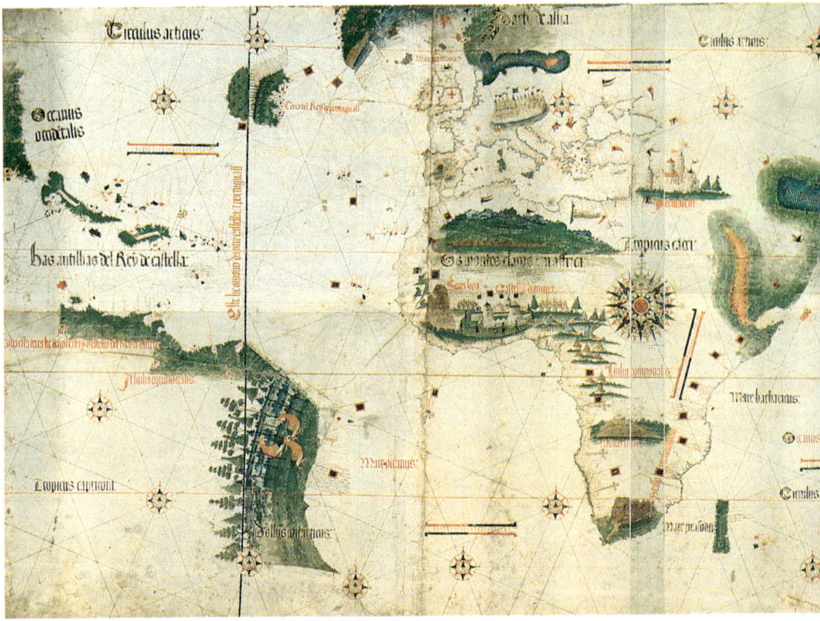

Magellans großer Traum: ein neuer Seeweg zu den Gewürzinseln.

Diese Flachkarte, eine der ältesten der portugiesischen nautischen Kartographie, zeigt die Welt, wie sie zu Anfang des 16. Jahrhunderts bekannt ist, als Magellan seine Reise vorbereitet. Die Darstellung der amerikanischen Küstenlinien ist noch fragmentarisch.

Magellan, möglicherweise ein portugiesischer Adliger, dient am Anfang seiner Karriere sieben Jahre lang in den portugiesischen Kolonien. Während dieser Zeit kreuzt er oft im Indischen Ozean und gelangt bis zu den Molukken. Nach seiner Rückkehr nach Portugal entwickelt er den Plan, die Gewürzinseln über die Westroute zu erreichen – über den von Balboa entdeckten „australischen Ozean“. Als er mit seinem Vorschlag zum König von Portugal kommt, weist dieser ihn brüsk ab. Der König will ihm, trotz seiner Verdienste um die ersten portugiesischen Kolonien (Eroberung von Goa), nicht das Kommando über ein Schiff anvertrauen. Er schlägt ihm im Gegenteil sogar vor, sich in einem anderen Land um ein solches Kommando zu bemühen.

König Manuel der Glückliche verfügt seit Vasco da Gamas erster Reise nach Indien über enorme Reichtümer. Gewürze, Gold und exotische Produkte haben die portugiesische Staatskasse gefüllt. Daher

stehen so viele Kapitäne im Dienst des Königs, daß er meint, leicht auf Magellan verzichten zu können. So begibt sich Magellan zunächst nach Sevilla, in das Indien- und Guinea-Haus, wo sich die Archive früherer Expeditionen befinden. Er studiert alle Dokumente, auf die sich die Macht Spaniens und Portugals stützen: Baupläne neuer Instrumente, Navigationsmethoden und vor allem Seekarten, die dort unter Verschluß liegen.

Magellan schließt aus diesen Karten, daß es eine Stelle geben muß, an der der Atlantik auf den Pazifik trifft. Und dann besteht auch die Möglichkeit, Amerika zu umschiffen und über den Pazifik zu den Molukken vorzustoßen. Aufgrund der Kenntnisse der *Kosmographen* seiner Zeit ist Magellan davon überzeugt, daß der von Balboa entdeckte Ozean nur etwa 1000 Meilen breit sei. Wenn das stimmt, dann müssen die Molukken ganz in der Nähe der amerikanischen Küste liegen und damit spanisches Eigentum sein. So greift Magellan die Idee des Kolumbus wieder auf, Indien auf dem Seeweg zu erreichen – nicht wie bisher auf der Ostroute, sondern indem er nach Westen segelt und die Neue Welt umfährt.

„Neben anderen Tugenden besaß er (Magellan) vor scheinbar unüberwindlichen Hindernissen eine größere Standhaftigkeit als irgend jemand vor ihm. In der Kunst der Navigation war er auf der ganzen Welt der erfahrenste und kenntnisreichste. Denn niemand vor ihm hatte die Begabung, das Wissen noch den Mut, die Welt ganz zu umrunden."

Pigafetta

Magellan hofft, den spanischen König für seinen Plan gewinnen zu können, da dieser durch die Entdeckung des Seewegs zum Alleinherrscher über die Gewürzinseln werden könnte.

Magellan ist so überzeugt von seiner Idee, daß es ihm gelingt, den König von Spanien und zukünftigen Kaiser Karl V. zu veranlassen, seine Expedition zu finanzieren. In dem Vertrag, der Magellan zu der Expedition ermächtigt, gesteht ihm der spanische König ein Zwanzigstel des Einkommens aus den entdeckten Ländern zu. Mit solchen Vereinbarungen entlohnen Spanien und Portugal die Kapitäne, die sich auf Entdeckungsreise begeben. So winken den Seeleuten neben dem Ruhm auch immense Gewinne. Außerdem stattet der König Magellan mit der höchsten Gerichtsbarkeit aus, d.h. mit dem Recht, sogar die Todesstrafe zu verhängen. Von diesem Recht muß der Seefahrer schon bald Gebrauch machen.

Alte Schiffe und eine Mannschaft aus aller Herren Länder: Damit soll Magellan seine große Aufgabe bewältigen.

Am 20. September 1519 sticht die Flotte, die aus fünf Schiffen besteht – „Victoria", „San Antonio", „Concepción", „Santiago" und „Trinidad" –, von San Lucar bei Cadiz in See. Alle fünf Schiffe sind ziemlich alt und von mittlerem Gewicht: Es sind bauchige *Karacken*, Dreimaster mit Takelage, deren Stauräume sehr voluminös sind, um eine möglichst große Ladung von wertvollen Gewürzen und exotischen Produkten aufnehmen zu können. Die Mannschaft besteht aus 256 Männern, überwiegend Spaniern und Portugiesen, aber auch Italienern, Belgiern, Franzosen, Griechen, Maltesern, Afrikanern, ja sogar einigen Verbrechern, denen die Todesstrafe erlassen wird, wenn sie an solch gefährlichen Expeditionen teilnehmen. Vor allem aber gehört zu der Besatzung ein Mann, durch dessen Reisebericht wir wissen, wie die Reise Magellans verlief: der Venezianer Antonio Pigafetta.

Magellan muß auf dreien der fünf Schiffe spanische Kapitäne einsetzen, die ihm von Anfang an feindlich gesonnen sind: Gaspar Quesada, Luis de Mendoza und Juan de Cartagena.

In Europa wächst der Verbrauch an Gewürzen – Gewürznelken, Ingwer, Zimt und Pfeffer –, die von den Molukken kommen, Jahr für Jahr mehr. Gewürze werden nicht nur für die Küche, sondern auch zur Herstellung von Parfüm und Medikamenten, denen reichlich Kampfer und Opium beigemischt werden, gebraucht. Schließlich ist auch der Bedarf der Kirche an Weihrauch nicht unerheblich.

Strengste Disziplin, karge Ernährung, ständige Müdigkeit und viele Krankheiten erfordern äußerstes Durchhaltevermögen.

Bevor die Schiffe auf offener See sind, befiehlt Magellan den anderen Kapitänen, sich ausschließlich nach dem Admiralsschiff zu richten und sich genauestens an seine Signale zu halten. Der Befehl verlangt von den Matrosen höchste Wachsamkeit und erregt den Unwillen der spanischen Kapitäne, die ohnehin schon ungehalten darüber sind, von einem Ausländer kommandiert zu werden.

Zu der strengen Disziplin an Bord kommen die Müdigkeit, die Gefahren der langen Schiffsreise, das harte und unbequeme Leben an Bord und die unzureichende Ernährung. Die Lebensmittel verderben sehr schnell, denn Salz ist bis zum Ende des 19. Jahrhunderts das einzige bekannte Konservierungsmittel. Fleisch und Fisch werden eingepökelt und müssen tagelang gewässert werden,

Auf dem ersten Teil der Reise treffen die Schiffe Magellans auf viele Haie, die die Besatzungen auch zu essen versuchen. Doch man findet das Fleisch nicht sehr schmackhaft.

„Es gibt auch Fische, die fliegen können. Davon sahen wir einmal eine so große Zahl zusammen, daß sie wie eine Insel im Meer wirkten."

Pigafetta

bevor sie genießbar sind. Doch das ist immer noch besser als die Nahrungsmittel, die durch die Feuchtigkeit in den Holzfässern, in denen sie an Bord aufbewahrt werden, verschimmeln und verfaulen.

Die Rationen für die Matrosen sind sehr knapp bemessen. Jeder erhält pro Tag ein Pfund Zwieback, 300 g Fleisch oder Fisch, etwas Gemüse (Zwiebeln), Käse und Trockenzwieback. Die schlechte Ernährung, die ständige Feuchtigkeit und die mangelnde Hygiene an Bord begünstigen die Ausbreitung von Krankheiten. Besonders der Skorbut ist die Geißel der Seefahrer. Er entsteht aus Vitaminmangel und zeigt sich immer erst nach etlichen Wochen auf See. Über Jahrhunderte hinweg sterben die Seeleute an dieser Krankheit, da es erst Ende des 18. Jahrhunderts gelingt, Früchte und Gemüse zu konservieren und damit die Versorgung mit Vitaminen sicherzustellen.

Messung der Breitengrade mit Hilfe des Astrolabiums: Der Stand der Sterne wird mit Hilfe eines Meßtisches gemessen, dessen äußerer Rand auf den Stern und auf den Horizont ausgerichtet wird.

Das größte Problem ist jedoch die Versorgung mit Trinkwasser. Wasser verdirbt sehr schnell und nimmt einen fauligen Geruch an. Daher bevorzugen die Matrosen Alkohol, der meist von schlechter Qualität ist. Die Tagesrationen an Wein sind großzügig bemessen: Jedem stehen täglich zwei Liter Wein zu. Daher kommt es zu zahlreichen Schlägereien, und es erweist sich als unumgänglich, die Mannschaft mit strenger Disziplin und harten Strafen im Zaum zu halten.

Magellans Navigationsinstrumente erlauben ihm bei der Überquerung des Atlantiks nur eine annähernde Bestimmung des Kurses.

Das *Astrolabium* ist ein Navigationsinstrument, mit dessen Hilfe Magellan die Breitengrade aufgrund des Sonnenstands verhältnismäßig genau feststellen kann. Aber er hat keine zuverlässigen Hilfsmittel, womit er die Längengrade bestimmen könnte. Erst viel später, im 18. Jahrhundert, wird das durch die Erfindung des *Chronometers* möglich. Magellan kann nur die Geschwindigkeit, mit der sich sein Schiff fortbewegt, schätzen, um so die zurückgelegte

Entfernung festzustellen. Das ist eine recht unsichere Methode, denn der Einfluß von Strömungen und Winden kann nicht genau genug einkalkuliert werden. Um nicht noch einen zusätzlichen Unsicherheitsfaktor in Kauf nehmen zu müssen, bestimmt Magellan den Kurs ausschließlich selbst und erlaubt keinerlei Diskussion seitens der Kapitäne der anderen Schiffe.

Messung der Breitengrade mit Hilfe des Jakobsstabs, mit dem der Stand des Sterns über dem Horizont gemessen wird.

Die Schiffe werden für lange Reisen ausgerüstet. In den Binnenmeeren genügen Seekarten, auf die man den Kompaß stellt, um das Schiff zu steuern. Auf hoher See erweist sich die Astronomie als unerläßlich, um die Position des Schiffes zu bestimmen, indem man den Stand der Gestirne mißt. Das geschieht mit Hilfe des Astrolabiums und später des Jakobsstabs.

Schon bald gerät die Flotte auf ihrer Fahrt entlang der afrikanischen Küste vor Sierra Leone in widrige Winde. Mehr als einmal entgehen die Schiffe nur knapp dem Untergang.

Ein langer Halt in Rio de Janeiro ist unumgänglich. Der freundliche Empfang durch die Indianer macht den Aufenthalt erholsam.

Der Jakobsstab, eine der letzten Erfindungen im Zeitalter der großen Entdeckungen, wird auch als Geometriekreuz oder Goldrute bezeichnet.

Endlich, am 23. November 1519, sind die Küsten Brasiliens in Sicht. Magellan ankert in der geschützten Bucht von Rio de Janeiro, wo er etwa zwei Wochen bleibt, um seine Vorräte zu ergänzen. Antonio Pigafetta ist vor allem von den Indianern fasziniert, denn „Männer wie Frauen bemalen sich gewöhnlich mit Feuer" (tätowieren sich). Außerdem erzählt ihm ein Steuermann, der sich vier Jahre im Landesinnern aufgehalten hat, daß sie bisweilen

Menschenfleisch äßen, allerdings nur das ihrer Feinde. Sie täten dies nicht etwa, weil es ihnen schmeckte, sondern aufgrund einer alten Sitte. Um den Angreifern an Grausamkeit nicht nachzustehen, hätte sich ein überfallener Stamm dazu entschlossen, die gefangengenommenen Feinde zu verspeisen. Diese Praxis hätten die anderen Stämme dann allmählich übernommen. Die Einheimischen sind freundlich und machen Tauschgeschäfte mit der Mannschaft. „Die Leute hier gaben uns fünf bis sechs Hühner für ein Taschenmesser oder einen Angelhaken, und gegen einen Kamm tauschten wir ein paar Gänse ein", berichtet Pigafetta.

Beladen mit frischen Vorräten verläßt Magellan Ende des Jahres 1519 die geschützte Bucht und segelt entlang der brasilianischen Küste in südliche Richtung. Als die Küste nach Westen zurückweicht, glaubt Magellan schon, den Durchgang vom Atlantik zum Pazifik erreicht zu haben, aber er hat sich getäuscht. Es handelt sich um die Flußmündung des Rio de la Plata. So gibt er den Befehl, die Fahrt Richtung Süden fortzusetzen.

„Eine alte Frau hatte einen einzigen Sohn, der von den Feinden ihres Stammes getötet wurde. Bald danach wurde der Mörder ihres Sohnes gefangen und vor die Alte gebracht, die sich, um ihren Sohn zu rächen, wie ein wildes Tier über ihn warf und eine seiner Schultern mit den Zähnen zerfleischte. Doch der Mann hatte Glück im Unglück. Es gelang ihm, den wütenden Händen der alten Frau zu entkommen und zu seinem Stamm zurückzukehren."

Pigafetta

Bald gehen die Vorräte wieder zur Neige und die Männer hungern. Angst und Unzufriedenheit der Mannschaft wachsen.

Magellan steuert mit seiner Flotte auf einen Hafen zu, der ganz im Süden des heutigen Argentinien (49. Breitengrad südlicher Breite) liegt, und nennt ihn San Julian. Er kommt im April 1520 dort an und beschließt, das Ende des südamerikanischen Winters in diesem kalten, einsamen und

„(Brasilien) ist ein Land voller Überfluß (...). Die Bewohner des besagten Landes sind keine Christen und verehren nichts, sondern leben gemäß ihrer Natur wie die Tiere.“

Pigafetta

windigen Ort abzuwarten, der schon näher am Südpol als am Äquator liegt. Die Unruhe in der Mannschaft wächst, sie glaubt nicht länger an eine Verbindung der Meere und drängt darauf, in die Heimat zurückzukehren. Magellan weigert sich umzukehren und beschwört seine Matrosen, durchzuhalten. Aber gegen den lange angestauten Haß der spanischen Kapitäne kann er nichts ausrichten.

In der Nacht zum 1. April 1520 liegt der Aufstand

Karte Patagoniens und der Magellanstraße. Der Kartograph hat die „terra australis" so eingezeichnet, wie man sie sich zu seiner Zeit vorstellt; voller lockender Reichtümer.

der Mannschaft in der Luft. Quesada, der Kapitän der „Concepción", verbündet sich mit den anderen Unzufriedenen, und gemeinsam entern sie die „San Antonio" und legen den portugiesischen Kapitän, Alvaro de Mesquita, in Ketten. Als Quesada das Schiff in seine Gewalt gebracht hat, schließt sich ihm auch Kapitän Mendoza an.

Am darauffolgenden Morgen verfügt Magellan nur noch über zwei Schiffe. Quesada schickt ihm einen Boten

und schlägt ihm vor, sich mit den drei Schiffen wieder dem Kommando Magellans zu unterstellen, wenn er dafür nach Spanien zurückkehrt. Magellan läßt darauf ein Beiboot voller bewaffneter Männer mit einem Brief zur „Victoria" rudern. Mendoza argwöhnt nichts und erlaubt den Matrosen, an Bord zu kommen. Kaum aber hat er zu lesen begonnen, bricht er von einem Dolchstoß getroffen zusammen. Um die anderen Meuterer abzuschrecken, läßt Magellan den Leichnam Mendozas aufhängen.

Da Magellans drei Schiffe jetzt die Einfahrt zur Bucht blockieren, befindet er sich wieder in der stärkeren Position. In der Nacht, als alle auf der „San Antonio" schlafen, schickt er einen Matrosen auf das Schiff, um das Ankertau zu kappen. Das Schiff treibt auf die „Trinidad" zu. Die erwachenden Seeleute sehen sich der bis an die Zähne bewaffneten Mannschaft Magellans gegenüber und können sich nur noch ergeben. Die Meuterei ist niedergeschlagen. Nun übt Magellan die höchste Gerichtsbarkeit aus, die er vom König erhalten hat. Er läßt Quesada enthaupten und setzt Cartagena in Patagonien aus.

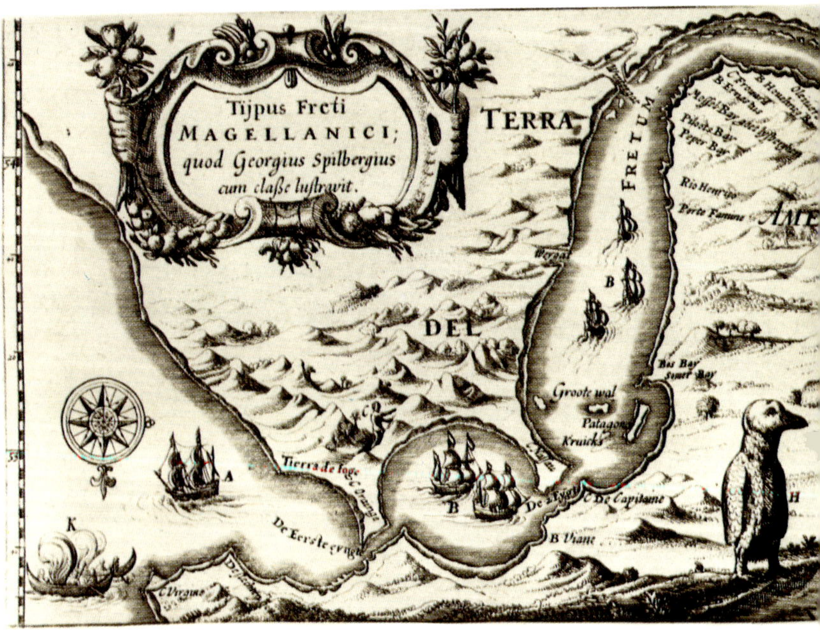

Nach der gefährlichen Fahrt durch einen Meeresarm, die spätere Magellanstraße, erreicht die Flotte den Pazifik.

Nachdem Magellan seine Autorität wiederhergestellt hat, gibt er Befehl, weiter nach Süden zu segeln. Die „Santiago", die als Aufklärungsschiff vorausgeschickt wird, kentert, aber die Mannschaft wird gerettet. Am 21. Oktober 1520 taucht ein felsiger Küstenvorsprung auf, den Magellan Kap der 11000 Jungfrauen nennt. Dahinter öffnet sich ein breiter Meeresarm. Die Schiffe segeln an zerklüfteten, mit Schnee bedeckten Bergen vorbei. Eisige Stürme toben in dieser Wasserstraße und drohen, die Schiffe zum Kentern zu bringen. Doch die kleine Flotte sucht sich weiter ihren Weg. Schließlich, nach einem Monat gefährlicher Manöver, umschiffen sie das letzte Kap, das Kap Désiré, und erreichen endlich den Ozean. „Am Mittwoch, dem 28. November 1520, verließen wir besagte Meerenge und erreichten endlich den Pazifik." (Pigafetta)

Die Route, die Magellan im Jahr 1520 nehmen muß, ist nicht nur gefährlich, sondern auch eine der verlassensten Gegenden der Welt. Daher bevorzugen die Kapitäne später den Weg um das Kap Hoorn am südlichen Zipfel Feuerlands und vermeiden die enge Magellanstraße.

Die erste Insel im Pazifik taucht erst nach vielen Monaten auf.

Überzeugt davon, daß der Pazifik nur ein schmaler Meeresstreifen sein kann, macht Magellan einen verhängnisvollen Fehler: Er versorgt sich nicht ausreichend mit Lebensmitteln und Wasser. Der Hunger wird bald spürbar. „Wir mußten drei Monate und 20 Tage ohne Vorräte und Stärkung auskommen. Wir ernährten uns nur von altem, zerbröseltem Zwieback voller Würmer, der gräßlich nach dem Kot der Ratten stank, die das, was noch gut war, gefressen hatten. Das Trinkwasser war verfault. Schließlich aßen wir das Ochsenleder, mit dem die große Rahe besetzt war, und außerdem viel Holz und Ratten.“ (Pigafetta) Einer nach dem anderen stirbt am Skorbut oder verhungert.

Endlich, am 6. März, nach 110 Tagen auf See, ist Land in Sicht: Es sind die Marianen, eine Inselgruppe, die Magellan „Ladronen“, „Diebesinseln“, nennt. Die Einheimischen in ihren Kanus mit dreieckigen Segeln fallen über die Flotte her und stehlen alles, was nicht niet- und nagelfest ist. Nach einer Strafexpedition, bei der sieben Einheimische getötet werden, nimmt Magellan Vorräte – Wild, Gemüse, Frischwasser – an Bord und sticht wieder in See. Die Flotte nimmt Kurs auf die Philippinen.

Wie alle Europäer, die später im Pazifik kreuzen, sind Magellan und seine Männer fasziniert von der großen Geschicklichkeit, mit der die Inselbewohner ihre Auslegerboote manövrieren.

Enrique, ein Sklave Magellans, spricht die Sprache des Königs von Cebu, denn er stammt aus dieser Gegend. Er ist der erste Mensch, der die Reise um die Erde macht.

Magellan wird auf fast allen philippinischen Inseln freundlich empfangen. Das veranlaßt ihn, Bündnisse mit den örtlichen Stammesfürsten zu schließen, um die Vorherrschaft Spaniens im Handel mit diesem Teil der Welt zu festigen.

Die Flotte passiert nun eine Insel nach der anderen. Am 26. März sichtet der Ausguck Land. Vorsichtshalber läßt Magellan vor einem unbewohnten Eiland Anker werfen. Zwei Tage später kommen einige Einheimische von der großen Insel, darunter König Humason. Enrique, der malaiische Sklave Magellans, spricht dieselbe Sprache wie der König, denn er stammt von Cebu. Man befindet sich ganz in der Nähe seiner Heimatinsel Sumatra. Damit ist Enrique der erste Mensch, der die Erde umrundete. Die Molukken können nicht mehr weit sein.

Am 4. April lichtet die Flotte zusammen mit dem König der Insel Anker und segelt nach Cebu. Magellan gelingt es, die Insulaner von seinen friedlichen Absichten zu überzeugen. Ein Vertrag wird geschlossen, in dem der König sich verpflichtet, sich zum Christentum zu bekehren. Der Herrscher läßt sich taufen und nennt sich fortan Carlos wie der spanische König. Außerdem erhalten die

Auf den Ladronen begegnen sich zum ersten Mal Europäer und Südsee-Insulaner. „Die Leute dieser Inseln kletterten in ihre Boote und bestahlen uns so geschickt, daß wir nicht entkommen konnten. Als wir die Segel streichen wollten, um an Land zu gehen, stahlen sie uns das Beiboot, das am Heck des Flaggschiffs befestigt war. Magellan war darüber sehr erzürnt und begab sich mit 40 bewaffneten Männern an Land, brannte 40 oder 50 Hütten nieder und tötete sieben Insulaner. Das Beiboot brachten sie mit zurück.“

Pigafetta

Auf seinem berühmten Seeatlas hat der Kosmograph Battista Agnese 1543 die Route eingezeichnet, die Magellan bei seiner ersten Erdumsegelung genommen hat. Diese Weltkarte (folgende Seiten) zeigt eine Gesamtschau der Welt und ihre Gliederung in Kontinente und Meere, soweit sie in der ersten Hälfte des 16. Jahrhunderts bekannt waren.

CAVRVS·CORVS·VEL·LAPIX·SI·VIGESTES
CIRCIVS·VEL·RESIAS
SEPTEMTRIO·VEL·APARCTIAS
CIRCVLVS ARTICVS
CATAIO·PROVI
TROPICVS·CANCRI
INSVLE·MALVCHE
AEQVINOCTIALIS
FAVONIVS·VEL·ZEPHIRVS
MVDVS·NOVVS
PERV
TROPICVS·CAPRICORNI
RIO·DE
CIRCVLVS·ANTARTICVS
AFRICVS·VEL·LIBVS
LIBONOTVS·EVRO·AVSTER

AQVILO VEL BOREAS
CECIAS APELIOTES
SCITHIA INTRA IMAV MONTEM
SCITHIA EXTRA IMAV MOTE
SACARV REGIO
SINVS GAGETIC
TAPROBANA
INDICV MARE
DE BVNA SPERAZA
SVBSOLANVS
VVLTVRNVS EVRO
EVRONOTVS

Spanier das exklusive Handelsrecht mit der Insel. Dafür verpflichten sie sich, den König bei der Ausdehnung seiner Macht zu unterstützen.

Der Widerstand eines örtlichen Fürsten zieht den Tod Magellans nach sich: Alles scheint verloren.

Der König der Philippineninsel Mactan will sich den Spaniern jedoch nicht unterwerfen. Magellan beschließt, an ihm ein Exempel zu statuieren. Die zahlreichen Korallenriffe, die die Insel umgeben, machen es unmöglich, die Bordgeschütze einzusetzen. So sind Magellan und seine 60 Männer gezwungen, an Land zu gehen, um anzugreifen. Die Einheimischen sind jedoch vorbereitet und verteidigen sich mit einer Übermacht von 1500 Mann. Der Kapitän fällt bald unter den zahlreichen vergifteten Pfeilen, die ihn treffen. Die Überlebenden weichen zurück an Bord, und die führerlose Mannschaft der spanischen Flotte irrt von Mai bis November 1521 zwischen den zahllosen philippinischen Inseln umher.

Dank Juan Sebastian El Cano, der die Führung der gescheiterten Expedition übernimmt, gelingt die Rückkehr nach Spanien.

Juan Sebastian El Cano, der die Situation in die Hand nimmt, verhindert das völlige Desaster. Er beschließt, die Gewürzinseln anzusteuern, die Schiffe mit Gewürzen zu beladen und nach Europa zurückzusegeln.

Auf den Molukken verhandelt El Cano mit dem Herrscher, Sultan Almanzor, und kauft Gewürze. Er lädt die Fracht und sticht, ohne Zeit zu verlieren, wieder in See, denn ein Bote überbringt beunruhigende Neuigkeiten: Der König von Portugal hat Befehl gegeben, „auf die Flotte eines gewissen Fernando de Magellan Jagd zu machen"...

Der König hat Schiffe an die Küste Brasiliens und zum Kap der Guten Hoffnung gesandt, und eine mächtige Flotte macht sich bereit, zu den Molukken zu segeln.

Da sich El Cano über die Route, auf der sie Magellan führte, nicht sicher ist, sieht er sich gezwungen, nach Westen durch den Indischen Ozean zu fahren, um nach Europa zu gelangen. Die Bedingungen sind noch schlechter als bei der Überquerung des Pazifiks:

widrige Winde und Strömungen, Hunger, verdorbene Lebensmittel und Lecks, die das Schiff beinahe sinken lassen. Am 18. Mai 1522 umschifft er das Kap der Guten Hoffnung und segelt wieder nach Norden. Das einzige übriggebliebene Schiff, die „Victoria“, ist mittlerweile so baufällig, daß sie auf der Höhe der Kapverdischen Inseln mehr als einmal zu kentern droht.

Magellan begeht den Fehler, sich in die Streitigkeiten der Inselfürsten einzumischen.

El Cano erhält nach seiner Erdumsegelung alle Ehrungen anstelle von Magellan.

Als die „Victoria“ am 6. September 1522 gerade noch die spanische Küste erreicht, sind an Bord nur noch 18 Mann am Leben. „Wir liefen in die Bucht von San Lucar ein... Seit Verlassen dieser Bucht hatten wir 14460 Meilen zurückgelegt und die Welt von West nach Ost umrundet.“ (Pigafetta) Zum ersten Mal hat ein Europäer die Reise um die Welt gemacht.

Die erste Überquerung des Pazifiks ist ein Meilenstein in der Entdeckungsgeschichte der Welt. El Cano wird von Karl V. geadelt, sein Wappen trägt die Devise „Tu primus circumdedisti me“, d.h., „Du hast mich als erster umrundet“.

Die Reise Magellans hat für die Rivalität zwischen Spanien und Portugal schwerwiegende Folgen: Im Wettlauf um die Eroberung der Welt und die Entdeckung des Seewegs zu den Gewürzinseln fällt Portugal weit zurück.

Bis zum Ende des 16. Jahrhunderts sind die Entdecker im wesentlichen spanische Seefahrer. 50 Jahre nach Magellans Weltumsegelung ist Spanien der reichste Staat der Welt. Der Einfluß der kastilischen Krone erstreckt sich über Amerika bis zu den Philippinen.

Auf die Nachfolger Magellans wartet eine große Aufgabe: einen Weg zurück von Asien nach Amerika zu finden.

Immer wieder machen die Spanier große Anstrengungen, von Amerika aus die Philippinen zu erreichen. Im November 1567 läßt sich Alvaro de Mendana von Peru aus auf das Abenteuer ein und segelt in Richtung der Philippinen. Aus dem Süden kommend, legt er an einem Archipel an, auf dem die Papuas leben. Sie sind so aggressiv, daß Mendana im Juni 1568 nach Mexiko zurücksegelt. Bei diesem Unternehmen entdeckt er die Salomon-Inseln, die schon bald zu einem Mythos werden, da sie ein Paradies auf Erden sein sollen. Die Legenden um das Archipel wuchern, zumal man seine genaue Lage wieder vergißt: Bis zum Ende des 18. Jahrhunderts versuchen zahlreiche Seeleute, die Salomonen wieder zu erreichen.

Der fehlgeschlagenen Expedition Mendanas folgt eine lange Periode der Lähmung. Doch 1595 unternimmt er von Peru aus einen neuen Versuch. Diesmal begleitet ihn der Kapitän Pedro Quiroz. Sie reisen auf vier Schiffen,

mit 400 Männern, Frauen und Kindern, die eine Kolonie gründen sollen. Erster Halt sind die Marquesas-Inseln. Dann segelt die Flotte nach Westen und erreicht eine Insel, die Mendana Santa Cruz tauft. Dort versucht er trotz der Feindseligkeit der Bewohner, eine dauerhafte Siedlung zu errichten. Doch noch bevor er sein Ziel erreicht hat, stirbt Mendana. Seine Frau Isabella übernimmt das Kommando und bringt die gesamte Flotte wieder nach Mexiko zurück. Das ist das Ende der großen spanischen Expeditionen, die mit der Entdekkung des Christoph Kolumbus angefangen haben.

Trotz der Verschwörung gegen Magellan, an der Sebastian El Cano (gegenüberliegende Seite) beteiligt war, kommt er nach dem Tod des großen Kapitäns zu Ruhm und Ehren, da er die „Victoria" auf der Rückreise nach Spanien befehligt.

Im Jahr 1605 plant Pedro Quiroz eine Expedition in die Südsee. Zusammen mit Luis de Torrès macht er sich auf die Suche nach der „terra australis incognita". Vom Aussehen der Insulaner schließt er, daß es den Kontinent geben muß. Er glaubt, daß die Bewohner der Marquesas aufgrund ihres helleren Teints von einem benachbarten, noch nicht entdeckten Land stammen. Auch wenn er diesen sagenhaften Kontinent nicht findet, entdeckt er doch Hunderte von Inseln, auf denen seltsame Menschen leben. 1606 landet er an der Südküste Neuguineas, wo Quiroz die ersten Zeichnungen von Südsee-Insulanern (oben) und von Bewohnern der Neuen Hebriden anfertigen läßt.

O
N
S
Q
R
17
31
28
15
30
27
26
16
32

Zweites Kapitel

DAS ENDE DER SPANISCHEN VORMACHTSTELLUNG

Die holländische Ostindische Kompanie, gegründet 1602, reißt die Herrschaft über die bisher portugiesischen Molukken an sich und beginnt damit, die Vorherrschaft Spaniens und Portugals über die Welt zu untergraben. Sie schickt Expeditionen in alle Teile der Welt, um neu entdeckte Länder in Besitz zu nehmen. Die Kompanie ist überall vertreten, gut organisiert und hierarchisch gegliedert. Sie erweitert ihren Herrschaftsbereich ständig, sammelt Reichtümer und bricht zusammen mit den Engländern endgültig das iberische Monopol.

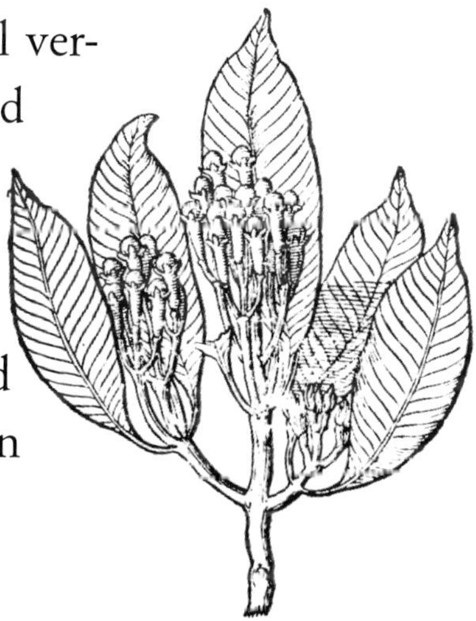

Schiffe auf Reede vor Macassar. Episode aus dem Gewürzkrieg, die die Feindschaft zwischen Portugiesen und Holländern illustriert.

1577 segelt der Engländer Francis Drake mit fünf Schiffen und 160 Mann Besatzung zum Pazifik, dem Ozean, den zuvor noch kein englisches Schiff befahren hat. Offiziell soll Drake die „terra australis“ für England entdecken. Doch im Geheimen sind sich die Königin von England, Elizabeth I., und Drake einig, daß das eigentliche Ziel der Expedition die Plünderung der Häfen und Schiffe der Spanier ist, die vor der Westküste Südamerikas segeln.

Drake erfüllt diesen Auftrag in brillanter Weise. Die Spanier sind sich ihrer Vorherrschaft im Pazifik so sicher, daß sie nicht daran denken, ihre Häfen zu befestigen oder ihren mit Silber und Gewürzen beladenen Schiffen eine Eskorte mitzugeben. Um vom Pazifik nach England zurückzukehren, beschließt Drake, so weit wie möglich nach Norden zu fahren. Sein Ziel ist die Entdeckung der Nord-Ostpassage zwischen Atlantik und Pazifik, nach der bis zum 19. Jahrhundert gesucht werden wird. Drake wirft bei einer Insel vor der Nordwestküste Amerikas Anker. Die Indianer dort halten die Engländer für Götter. Ihr König bietet Drake seine Herrschaftsinsignien an. Der Kapitän ergreift darauf für England von dem Land Besitz und tauft es im Namen der englischen Königin Neu-Albion.

Die Verbindung zwischen Atlantik und Pazifik im Norden des amerikanischen Kontinents findet er allerdings nicht. So segelt er nach Westen. Nach der Überquerung des Pazifiks landet er auf den Molukken und macht dort durch die Plünderung eines Gewürzhafens reiche Beute, mit der er seine Laderäume vollends füllt. Drake kehrt über den Indischen Ozean nach England zurück, das er am 26. September 1580 erreicht. Damit ist er der erste Engländer, der die Welt umsegelt.

Doch auch wenn England mit Drake in den Pazifik, den Spanien als sein Hoheitsgebiet beansprucht, eindringt, ist es doch noch weit davon entfernt, eine Weltmacht zu sein. Davon kann man erst Mitte des 18. Jahrhunderts sprechen.

Francis Drake, Pirat, Sklavenhändler und Entdecker, segelt an der Westküste Amerikas weiter nach Norden als irgendeiner seiner Zeitgenossen.

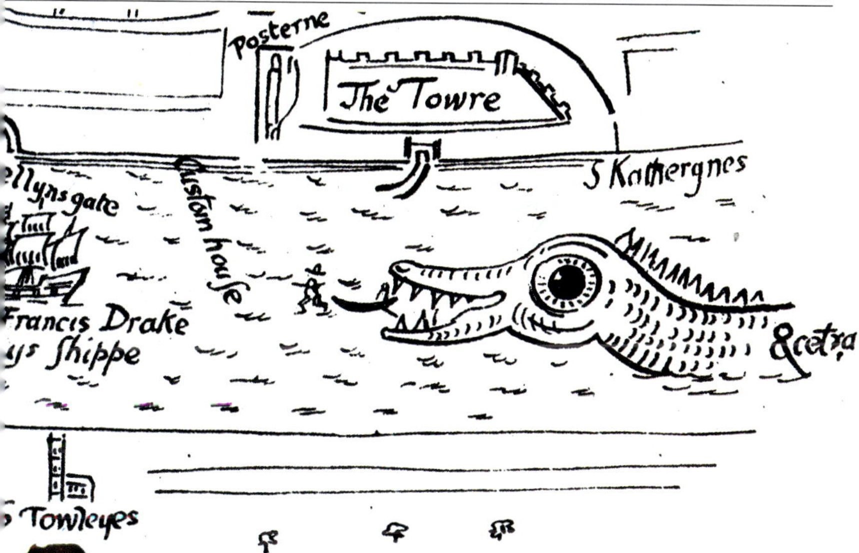

Ab 1550 schicken die Niederländer zahlreiche Flottenverbände auf die Gewürzroute.

Philipp II., der spanische König und Nachfolger Karls V., sieht sich vor allem von den Vorstößen der Niederländer in die Gebiete des Gewürzhandels bedroht. Um zu verhindern, daß die Holländer den Gewürzhandel im nördlichen Europa an sich reißen, läßt er 1594 während der *spanisch-portugiesischen Union* alle Häfen für niederländische Schiffe sperren. Damit untergräbt er den Handel, von dem die Amsterdamer Kaufleute leben. Doch damit veranlaßt er die Niederländer, eigene Expeditionen nach Hinterindien auszurüsten.

Unter der Herrschaft Königin Elizabeths I. von England gibt es trotz des päpstlichen Vertrags, der die Welt an Portugiesen und Spanier verteilt, zahlreiche englische Abenteurer, die Handel treiben. An den Küsten Afrikas erwerben sie ganze Schiffsladungen von Sklaven, die sie dann zu den Besitzungen der Spanier bringen, obwohl der Sklavenhandel eigentlich ein spanisches Monopol ist. Mit einer solchen Aktion beginnt auch Drakes erste Reise.

Die Holländer nutzen die Situation der Portugiesen im Pazifik aus: Die Iberer haben dort nur schlecht befestigte Kontore eingerichtet und liegen in ständigem Streit mit den Stammesfürsten. So lassen sich die Holländer ab 1598 auf den Molukken und in Indien nieder. Allein zwischen 1598 und 1603 stechen 13 Flottenverbände von Holland aus Richtung Fernost in See. Wie ehrgeizig diese Expeditionen sind, zeigt sich am Beispiel der Weltumsegelung durch Oliver van Noort. Seine Reise markiert das Ende der spanischen Vormachtstellung im Pazifik.

1605 läßt sich die Ostindische Kompanie auf den Molukken nieder. Sie erlangt das Monopol auf den Gewürzhandel gegen militärische Unterstützung der lokalen Fürsten.

1617 errichtet die Kompanie in Djakarta auf der Insel Java ein eigenes Kontor. Fortan heißt die Stadt, die zum Zentrum des niederländischen Handelsimperiums und Ausgangspunkt zahlreicher Erkundungsfahrten wird, Batavia.

Die Ostindische Kompanie ist das wichtigste Instrument der holländischen Seemacht. Die Gesellschaft ist zugleich Handelsvertretung und Repräsentant der politischen Macht Hollands. Ihre Agenten verfügen über bewaffnete Kräfte und sind beauftragt, mit den lokalen Fürsten Handelsvereinbarungen zu treffen. Dank der Lage ihrer vielen Handelsniederlassungen gelingt es der Kompanie allmählich, den Zugang zum Pazifik zu kontrollieren und damit die konkurrierenden Portugiesen und Engländer auszuschalten. Die Bewohner Batavias, eines der wichtigsten Handelszentren im Fernen Osten überhaupt, rechtfertigen alle Übergriffe auf die einheimische Bevölkerung durch ihre wirtschaftlichen Interessen. So zögern die Kolonialherren nicht, einige Inseln völlig zu entvölkern oder die Einheimischen zu zwingen, als Sklaven zu arbeiten. Die Holländer beschränken die Ausfuhr von Gewürzen drakonisch, um die Nachfrage in Europa konstant zu halten.

Bald erstreckt sich die holländische Kolonisation auch über den Atlantik: Die 1621 gegründete Westindische Handelsgesellschaft eröffnet ihre Kontore in Brasilien.

Batavia ist der Hafen auf Java, wo die Ostindische Kompanie ihr Hauptquartier für den Fernen Osten einrichtet (im Hintergrund). Die Lage Batavias macht die Stadt zum idealen Zentrum für den Handel mit Gütern aus Indonesien. Doch wegen des feuchten tropischen Klimas ist das Leben in der Stadt äußerst ungesund, so daß ein Besucher sie als „Stadt des Todes“ bezeichnet.

Zu Beginn des 17. Jahrhunderts ist die Suche nach der „terra australis“ Anlaß für zahlreiche Forschungsreisen. Diese Suche bleibt lange erfolglos, dafür werden andere Gebiete entdeckt.

1605 bricht ein holländischer Seefahrer namens Willem Janzoon auf, um die Südküste Neuguineas zu erforschen. Die Spanier, die die Insel „Goldland“ nennen, sind davon überzeugt, daß es sich bei diesem Landstrich um einen Zipfel des gesuchten Südkontinents handelt. Als Janzoon glaubt, an der Südküste Neuguineas gelandet zu sein, befindet er sich in Wirklichkeit an der Nordküste Australiens. Ohne es zu wissen, hat er einen neuen Kontinent entdeckt.

Zu seiner Zeit ist eine gründliche wissenschaftliche Beobachtung mangels ausreichender Instrumente und Methoden unmöglich. So geschieht es leicht, daß man kleine Inseln für ganze Welten und eben einen Kontinent nur für eine Insel hält. Im äußersten Süden wird die Orientierung durch das ständig graue Wetter und den häufigen Nebel, die eine gute Sicht verhindern, noch erschwert. So bilden sich – gestützt durch Überlegungen der Geographen, daß für das Gleichgewicht der Erde ein „australischer Kontinent“ notwendig sei – vielerlei Legenden.

Im Jahr 1605 bricht Quiroz auf, um den paradiesischen südlichen Kontinent zu suchen. Überzeugt von der Existenz der „terra incognita“, verläßt er Peru mit drei Schiffen und landet auf einer Insel, die er „Australisches Land des Heiligen Geistes“ nennt. Der Seefahrer schwärmt vom Reichtum der Insel, einem Reichtum, der – wie sich später herausstellt – gar nicht existiert. Bei dem von ihm entdeckten Land handelt es sich um eine Insel der Neuen Hebriden.

Es soll noch zwei Jahrhunderte dauern, bis die Legende von der „terra australis“ endgültig verschwindet.

Es gibt auch holländische Kaufleute, die unabhängig von der Ostindischen Kompanie Entdeckungsfahrten unternehmen.

1610 stellt sich Isaac Le Maire, ein Amsterdamer Großkaufmann, gegen das Monopol der Kompanie im fernöstlichen Handel. Er gründet eine Gegenorganisation: die „Australische Gesellschaft“. Doch da die Ostindische

An der Küste Patagoniens fängt eines der Schiffe von Schouten und Le Maire Feuer. Die Besatzung drängt sich auf der „Eendracht“ (unten) zusammen.

Kompanie die wichtigen Seewege um das Kap der Guten Hoffnung und die Magellanstraße kontrolliert, bleibt Le Maire nur die Suche nach einer neuen Route. Am 14. Juni 1615 stechen zwei robuste holländische Schiffe von den Niederlanden aus Richtung Südatlantik in See. Sie werden von Kapitän Jacob Le Maire, dem Sohn Isaac Le Maires, und Cornelisz Schouten befehligt.

Ein zeitgenössischer Amsterdamer Kaufmann schreibt: „Wir gehen überall hin, wo man Geld verdienen kann, auf alle Meere und an alle Küsten."

Ein entscheidender Schritt in der Geschichte der Entdeckungsfahrten: ein neuer Seeweg zum Pazifik.

Die beiden Schiffe fahren nicht in die Magellanstraße ein, sondern segeln weiter nach Süden, an Feuerland entlang bis an die öde Landzunge, den südlichsten Zipfel des amerikanischen Kontinents. Die Seefahrer benennen dieses Kap nach einem ihrer Schiffe, der „Hoorn". Nachdem sie das Kap umschifft haben, sind sie im Pazifik. Damit sind sie die ersten, die diese später so berühmte Route befahren.

Le Maire und Schouten überqueren daraufhin den Pazifik, vorbei an Tonga, einer polynesischen Inselgruppe, die sie als erste Europäer entdecken. Schließlich kommen sie nach Java, wo sie vom lokalen Vertreter der Ostindischen Kompanie ungnädig empfangen werden. Er weigert sich, ihnen zu glauben, daß sie Südamerika anders als

Schouten und Le Maire machen an den Freundschaftsinseln (Tonga-Archipel) halt, wo die Bewohner neugierig an Bord des Schiffes klettern und alles stehlen, was ihnen unter die Finger kommt.

Im April 1616 erreicht die „Eendracht“ eine kleine polynesische Inselgruppe, die man Hoorn tauft. Die Insulaner versuchen, das Schiff am Landen zu hindern (oben). Nach einem Scharmützel ohne weitere Folgen (Mitte) geleitet der Inselfürst die Holländer in seine Hütte und bewirtet sie mit Schweinebraten und Früchten. Dazu gibt es Musik und Tanz (unten).

durch die Magellanstraße umfahren haben. Zudem klagt er sie an, die Privilegien der Handelsgesellschaft verletzt zu haben, als sie in Neuguinea Gewürze luden. Zur Strafe konfisziert er die Schiffe und schickt Le Maire und Schouten nach Holland zurück. Obwohl diese Fahrt somit nicht gerade erfolgreich war, können dank solcher Expeditionen die Küstenlinien genauer festgelegt werden, auch wenn sie bis heute immer wieder korrigiert werden müssen.

Der holländische Kapitän Abel Tasman entdeckt Tasmanien und Neuseeland.

1642 segelt Tasman mit zwei Schiffen von der Insel Mauritius ab. Er führt Vorräte für zwölf Monate und allerlei Waren für den Tauschhandel mit den Ureinwohnern des „australischen Kontinents" mit, den er suchen will. Die beiden Schiffe überqueren den Indischen Ozean und segeln an Australien vorbei, ohne es zu sehen. Das erste Land, auf das Tasman im südlichen Pazifik trifft, trägt heute seinen Namen: Tasmanien.

Auf der Weiterfahrt nach Osten landet er an einer Küste, von der er irrtümlich annimmt, daß sie zum australischen Kontinent gehöre: Es ist die Küste von Neuseeland. Als erster Europäer lernt Tasman die Maori kennen, ein polynesisches Volk, das seit mehr als 800 Jahren auf Neuseeland lebt. Da sich die Bevölkerung äußerst feindselig und abweisend verhält, kann Tasman nicht an Land gehen.

So wendet er sich nach Norden und umschifft die Fidschi-Inseln. Danach segelt er nach Osten, um Java zu erreichen. Nach einer zehnmonatigen Reise landet er in Batavia, wo er sein Logbuch mit folgenden Worten schließt: „Gott sei gelobt für diese glückliche Reise. Amen."

Auf dieser Reise hat Tasman den Pazifik auf einer südlicheren Route befahren als irgendeiner seiner Vorgänger. Dabei macht er die bedeutende Entdeckung von Neuseeland, das er in seinen Aufzeichnungen topographisch genau beschreibt und durch Zeichnungen ergänzt. Dennoch ist das verwertbare Ergebnis seiner Reise recht dürftig, zumal Tasman Australien umsegelt hat, ohne es zu

Portrait des Kapitäns Abel Tasman und seiner Frau. Tasman erntet keinen Dank für seine Entdeckungen. Die Funktionäre der Ostindischen Kompanie werfen ihm vor, von seinen Reisen nicht eine einzige Silber- oder Goldmine „vermeldet“ zu haben, um damit die Aktionäre zufriedenzustellen.

bemerken. Seine Reise ist die letzte Expedition, die von der Ostindischen Kompanie ausgerüstet wird.

Im folgenden Jahrhundert finden auch die letzten Expeditionen der Westindischen Handelsgesellschaft, die das Handelsmonopol mit Amerika innehat, statt.

Ein reicher Holländer namens Jakob Roggeven sucht 1721 bis 1723 im Auftrag der Handelsgesellschaft im Pazifik nach der „terra australis“. Er entdeckt Ostern 1721 eine kleine Insel mit kolossalen Steinstatuen, die er Osterinsel

Zeichnung Tasmans von Neuirländern auf einem Auslegerboot.

TARTARIA
IAPAN
SINA
MAR NEGR
Tropicus Canceri dat is
Islas
Islas de las velas, o de los Ladrones
Filipinas
ARCHIPELAGO DE S. LAZARO
Linea Æquinoctialis dat is de Middellijn
Nueva Guinea
Islas de Salomon
Tropicus Capricorni dat is Steenbocx Sonnewend of Zuyder
MA
WEST

Was wissen die Zeitgenossen Heinrichs IV. von Frankreich oder Jakobs I. von England vom Pazifik? Kaum etwas. Ein Jahrhundert nach Magellan birgt der große Ozean noch viele Geheimnisse für die Europäer, die sich nur vereinzelt an den Küsten Chiles, Perus und auf den Philippinen niedergelassen haben. Fast alle im Pazifik verstreuten Archipele sind noch unbekannt oder nach ihrer Entdeckung wieder vergessen. Das gilt auch für Tahiti: Quiroz entdeckt die Insel 1605 zum zweiten Mal, nachdem Mendana schon einige Jahre vorher dort gelandet ist. Da es keine genaue Methode zur Positionsbestimmung gibt, verstreuen die Kartographen Inseln und Kontinente mehr oder weniger zufällig auf ihren Karten.

nennt. Ansonsten ist die Reise wegen der feindseligen Haltung der Völker in Neuguinea und Neubritannien nicht erfolgreich, und die Entdeckung der Osterinsel bleibt das einzige positive Ergebnis dieser Unternehmung.

Auch Roggeven findet Australien auf seiner Fahrt durch den Ostpazifik nicht. Tasman hatte bereits nachgewiesen, daß der Kontinent nicht im östlichen Pazifik zu suchen war. Doch es gibt noch immense ozeanische Zonen zwischen Neuseeland und dem Kap Hoorn, die nach wie vor unbekannt sind. Von nun an sind es jedoch nicht mehr die Holländer, die sich auf Entdeckungsfahrt begeben.

Am 14. April 1722, am Ostersonntag, landet Roggeven auf einer Insel, die den Namen Osterinsel erhält. Die Seefahrer sind von den riesigen Statuen, die sie dort vorfinden, tief beeindruckt.

Die beschränkten wissenschaftlichen und meereskundlichen Mittel und die mangelnden Möglichkeiten, andere Reiseberichte zu lesen, erklären die dürftige Bilanz der Forschungsreisen.

Nach der Reise von Tasman geht Mitte des 17. Jahrhunderts ein Abschnitt der Entdeckungsfahrten zu Ende. Bis dahin erbringen die Reisen im wesentlichen enttäuschende Ergebnisse. Dafür gibt es viele Gründe: wenig widerstandsfähige Schiffe, ungeeignete Navigationsinstrumente, mangelhafte Organisation und Methoden. Fast alles ist der Initiative des einzelnen überlassen, und die meist kommerziellen Zwecken dienenden Erkenntnisse behält man für sich. Jedes Land, jeder Kapitän hält sein Wissen möglichst geheim, um zu verhindern, daß die Konkurrenten Nutzen daraus ziehen können. So kommt es zu keinem echten Wissenszuwachs.

Erst durch die großen wissenschaftlichen Entdekkungen zwischen 1620 und 1650 und durch das Entstehen wissenschaftlicher Gesellschaften in Italien, Frankreich und England beginnen sich die Dinge zu ändern. Es ist das Zeitalter, in dem in Paris und Greenwich erste astronomische Observatorien eingerichtet werden.

Der französische König Ludwig XVI. und König Karl I. von England unterstützen diese Unternehmungen. Neue wissenschaftliche Erkenntnisse zur Navigation und zur Geographie der Welt werden publiziert. Damit erweitert sich das allgemeine Wissen nachträglich.

Doch diese wissenschaftlichen Anstrengungen tragen erst im 18. Jahrhundert ihre Früchte. Denn obwohl sich eine breitere Öffentlichkeit für die Entdeckungsreisen zu interessieren beginnt, fördern die fast ununterbrochenen

Kriege in Europa zwischen 1688 und 1713 die Ausrüstung neuer Entdeckungsreisen nicht gerade.

In der zweiten Hälfte des 17. Jahrhunderts stagniert die Erforschung des Pazifiks. Der Pirat William Dampier ist einer der wenigen, die in dieser Zeit Entdeckungen machen.

Daß auch Freibeuter auf Entdeckungsfahrt gehen, weist darauf hin, daß nicht alle ungebildete Verbrecher oder Abenteurer sind. Einige von ihnen machen sogar bedeutende wissenschaftliche Beobachtungen. Das gilt z.B. für William Dampier. Er verläßt 1609 England zu einer Expedition, die ihn an die Westküste von Australien führt: Er ist der erste Engländer, der australischen Boden betritt. Danach entdeckt er Neubritannien, wo er Pflanzen und Tiere der verschiedensten Arten sammelt.

Erst ganz am Ende des 17. Jahrhunderts beginnen auch französische Seeleute, sich im Pazifik festzusetzen. Es handelt sich bei ihren Reisen zwar in erster Linie um Handelsreisen, doch sind sie hin und wieder auch mit geographischen Aufträgen verbunden. 1699 erforscht Gouin de Beauchesne die Magellanstraße und überzeugt anschließend die Seefahrer davon, daß die Route um Kap Hoorn wesentlich gefahrloser ist. Auf der offenen See muß man zwar, vor allem im Sommer, mit Stürmen rechnen, doch sind die Untiefen und Strömungen bei der Durchfahrt durch die Magellanstraße weitaus gefährlicher.

William Dampier ist ein guter Schriftsteller und ein ausgezeichneter Kapitän, der die spanischen Kolonien während seines ersten Aufenthalts im Pazifik zwischen 1683 und 1691 mehrfach überfällt und plündert.

Mit der Reise des englischen Kapitäns George Anson setzt eine neue Epoche der Entdeckungsfahrten ein.

Die Expedition unter Anson auf der „Centurion“ hat vor allem das Ziel, den spanischen Handel zu stören. Die Reise beginnt im September 1740 und dauert fast vier Jahre. Anson hat während seiner Fahrt mit zahlreichen Schwierigkeiten zu kämpfen. So sterben 600 von 930 Männern der Besatzung an Skorbut. Dennoch gelingt es Anson, interessante wissenschaftliche Informationen zu sammeln.

Außerdem erbeutet er auf einer spanischen Galeone wichtige, von der spanischen Regierung geheimgehaltene Seekarten. 1749 veröffentlicht der Kapitän als erster seinen Reisebericht, der in ganz Europa außerordentlich viele Leser findet. Die Reise George Ansons leitet eine neue Epoche ein, in der die Ergebnisse früherer Entdeckungsreisen allgemein zugänglich gemacht und durch neue wissenschaftliche Beobachtungen ergänzt werden.

Der Erste Lord der Admiralität, George Anson, beendet seine Weltreise im Jahr 1744. Auch er sieht den strategischen Wert einer Siedlung auf den Falkland-Inseln, von denen aus die Zufahrt zum Pazifik kontrollierbar ist.

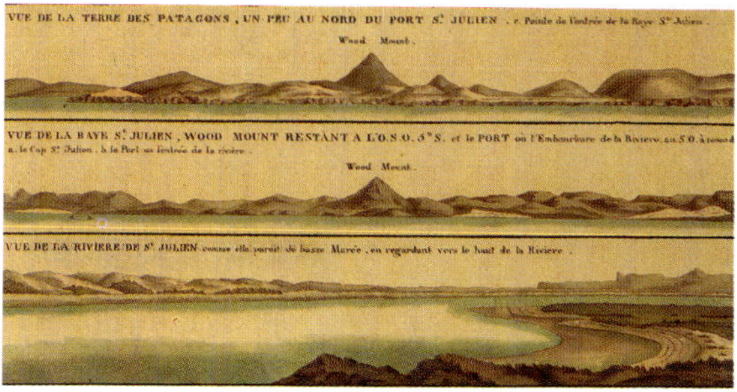

Ansicht Patagoniens, aus dem Reisebericht George Ansons.

Mitte des 18. Jahrhunderts ist der Pazifische Ozean noch immer voller Geheimnisse. Die Entdeckungsreisen von über zwei Jahrhunderten seit Magellan haben nur bruchstückhafte Ergebnisse erbracht. Es ist das Verdienst der folgenden Jahrhunderte, mit einer genaueren Kartographie und besseren Instrumenten die weißen Flecken auf den Karten des pazifischen Raums ausgefüllt zu haben.

Der Angriff der „Centurion“ unter Anson auf ein Schiff aus Manila ist nur einer der zahlreichen englischen Überfälle auf spanische Galeonen. Anson ist nach Chile und Peru geschickt worden, um zu demonstrieren, daß der Pazifik kein iberisches Meer mehr ist.

DRITTES KAPITEL

DIE ERSTEN WISSENSCHAFTLICHEN EXPEDITIONEN

Nach mehreren Jahrhunderten einer sehr langsamen Entwicklung gewinnt man ab 1750 innerhalb kurzer Zeit eine Vielzahl neuer Erkenntnisse. Die aufblühende europäische Wissenschaft konzentriert sich auf die Erforschung der Ozeane. In derselben Zeit festigt Europa seine Herrschaft über den Rest der Welt.

Der Kompaß, von den Chinesen etwa ein Jahrtausend vor Christus erfunden, erlaubt das Navigieren über lange Strecken. Durch die Ausrichtung der magnetischen Nadel nach Norden hilft er bei der Orientierung auf hoher See.

Mittlerweile sind viele Voraussetzungen geschaffen, die Forschungsreisen begünstigen. Seit 1750 besitzen die europäischen Staaten mehr finanzielle und technische Mittel als alle anderen Kontinente. Zudem ist die einsetzende Bevölkerungsexplosion der Auslöser für eine neue Phase der Expansion. Die europäischen Regierungen rüsten nun stetig neue Entdeckungsreisen aus, während sie bis dahin relativ wenig Interesse an den Seeunternehmungen gezeigt hatten. Zwar finanzierten Spanien und Portugal einige Reisen, doch die meisten Fahrten waren durch private Initiativen zustande gekommen. Im 17. Jahrhundert kommt es so zunächst zu einem deutlichen Rückgang der Entdeckungsfahrten, da das Ausrüsten einer wissenschaftlichen Expedition die finanziellen und technischen Mittel von Privatleuten bei weitem übersteigt.

Die Entwicklung der wissenschaftlichen Gesellschaften nach 1630 lenkt das Augenmerk der Herrschenden bereits früh auf geographische Sachverhalte. Ein Jahrhundert später bemühen sich vor allem bedeutende Wissenschaftler wie z.B. der Naturforscher Georges Louis Buffon um eine Wiederbelebung der Entdeckungsreisen. Er schreibt 1749: „Es gibt noch viel zu finden und eine Menge Gebiete zu entdecken."

Bis zur Mitte des 18. Jahrhunderts sind Entdeckungsfahrten eine Angelegenheit der zivilen Seefahrt. Doch von nun an ändert sich das: Vor allem in Frankreich erhalten die Offiziere der Kriegsmarine eine umfassende Ausbildung. Einige von ihnen werden sogar bedeutende Astronomen oder Mathematiker.

Duplessis fertigt eine Vielzahl von Aquarellen von neuentdeckten Landschaften, Tieren und Menschen an.

Das Aufgabengebiet vor allem der Kapitäne ändert sich entscheidend. Sie müssen zwar weiterhin gute Seeleute, oft aber gleichzeitig auch Wissenschaftler sein. Nicht selten sind sie Angehörige einer Akademie.

Durch die Beteiligung der Regierungen an den Expeditionen werden die Reiseberichte nun veröffentlicht. Die Entdeckungen werden organisiert, rationalisiert und klassifiziert.

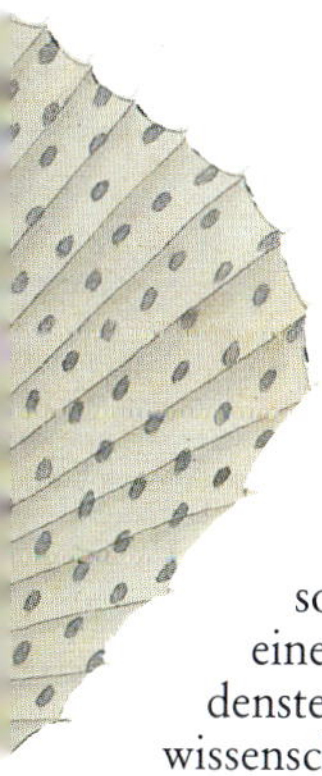

Die Regierungen nehmen nun die Organisation und die Finanzierung der Expeditionen in die Hand. Die Offiziere, die mit der Expedition betraut werden, erhalten vor dem Beginn der Reise präzise Anweisungen über den geographischen Raum, in dem sie zu segeln und zu forschen haben, und darüber, welche Informationen sie einholen sollen. Von da an befindet sich auch immer eine Gruppe von Wissenschaftlern der verschiedensten Fachgebiete an Bord: Astronomen, Naturwissenschaftler etc. Je weiter der Kenntnisstand voranschreitet, desto verschiedenartiger sind die Disziplinen der Wissenschaftler. Auch die wissenschaftlichen Akademien schalten sich jetzt mit in die Vorbereitung der Reisen ein. Und zwei weitere Entwicklungen unterstützen den Fortschritt der Erkenntnisse: das endgültige Verschwinden der Geheimhaltung der Ergebnisse und die schnelle Veröffentlichung der Reiseberichte.

Kapitän Anson hat seinen Reisebericht veröffentlicht, und dies wird nun zur Regel. So gewinnen die verschiedenen Wissenschaften stets weitere Informationen, da sie sich auf die Ergebnisse der einzelnen Expeditionen stützen können. Damit wird das Zufallsmoment, das bis dahin bei der Entdeckung neuer Gebiete eine bedeutende Rolle spielte, weitgehend ausgeschaltet. Die Kartographie, deren Informationen man um jeden Preis vor den anderen Nationen geheimhielt, ist nicht länger die heimliche Waffe im Konkurrenzkampf.

Die Franzosen schenken dem Pazifik keine Beachtung, bis Ludwig XIV. die Schirmherrschaft über die Expedition Gouin de Beauchesnes übernimmt. Der Gewässerkundler Duplessis wird beauftragt, ein Verzeichnis der Gewässer und Länder dort zu erstellen. Neben seiner Qualifikation als Wissenschaftler entwickelt Duplessis auch Talente als Maler. Seine Faszination für das, was er zu sehen bekommt, nimmt die neue Konzeption der Pazifikforschung vorweg: „Man muß alles, was unbekannt wirkt, aufzeichnen, um für andere und für sich selbst den Weg dorthin offen zu halten.“ Doch die Franzosen halten seine Arbeiten für so wertvoll, daß sie sie lange Zeit geheimhalten.

Die Methode, Entfernungen nach dem Mondstand und mit Hilfe des Chronometers zu bestimmen, ermöglicht eine präzise Navigation.

Die Karavelle, die für die ersten Fahrten über weitere Entfernungen eingesetzt wurde, ist nach und nach durch andere Schiffstypen wie die *Fregatte* und die *Korvette* ersetzt worden.

Der Schiffsbau wird den Erfordernissen der Hochsee angepaßt. Man verstärkt die Schiffskörper mit Metallelementen und verplankt sie mit Kupferplatten, um sie dicht zu halten und gegen die Holzfäule zu schützen. Der Innenraum wird besser genutzt und die Durchlüftung der Laderäume ermöglicht. Die Optimierung der Takelage hilft beim Manövrieren und erlaubt es, den Wind besser zu nutzen. 1765 wird in Paris die erste Schule für Schiffsbauingenieure gegründet. So verfügen die Seefahrer bald über wesentlich widerstandsfähigere Schiffe.

Auch die Methoden der Navigation werden weiterentwickelt. Bis dahin konnten die Entfernungen nur anhand der Geschwindigkeit des Schiffs geschätzt werden. Die ungenauen Navigationsinstrumente, die dürftige Qualität der Seekarten und vor allem das Fehlen einer Methode, die Längengrade zu bestimmen, erlaubten nur äußerst grobe Schätzungen.

Zu Beginn des 18. Jahrhunderts werden gleich zwei Erfindungen zur Messung der Längengrade gemacht: die Längenmessung durch die Berechnung der Mondentfernung und die genaue Ortsbestimmung durch das Chronometer. Für die Seefahrt bedeutet das eine regelrechte Revolution, denn damit beginnt die exakte astronomische Navigation. Dank dieser Neuerungen kann die Erforschung der Länder und Ozeane – vor allem die des Pazifiks – erst richtig beginnen.

Besonders Frankreich und England, im 18. Jahrhundert die dominierenden Mächte in Europa, konkurrieren im Ausrichten von Expeditionen miteinander. Dabei treibt die Nationen nicht nur der Drang nach neuen Erkenntnissen voran, sondern auch die Hoffnung, sich auf diese Weise ein Kolonialreich aufzubauen, indem sie die neuentdeckten Gebiete für sich annektieren. England, das ja von jeher eine Seefahrernation ist, tritt im Jahre 1763 zuerst in Aktion.

Mitte des 18. Jahrhunderts ersetzt die Wissenschaft die Empirie (Erfahrungswissen), und Ingenieure treten an die Stelle der Handwerker. Bis um 1750 ist der Schiffsbau die Domäne der Handwerker. Jeder Schiffsbauer bewacht eifersüchtig die Geheimnisse seiner Kunst, so daß jedes Schiff seine ganz spezifischen Merkmale trägt. Erst gegen 1780 werden die Schiffe normiert. Mathematiker und Ingenieure studieren die Probleme der Konstruktion und veröffentlichen theoretische Abhandlungen darüber.

Manoeuvres qui lient les Mâts au C

P. Les haubans. .... Toutes ces Manoeuvres se distinguent par le nom d

Q Les Galaubans. ...... s'apellent les grands haubans; celles du mât de Mi

R Les Etais. .... grand Etai tient le grand Mât; celui de Misaine ti

Von der Karacke zum Linienschiff

Die ersten großen Expeditionen gelingen dank der Karacken, die seit dem 13. Jahrhundert benutzt werden. Diese ersten Schiffe der Entdeckungsfahrer sind noch sehr klein. Sie haben eine eher runde Form und sind sehr solide und schwerfällig. Der Aufbau achtern (Galerie oder Kastell) liegt höher als der übrige Schiffskörper. Mit der Zeit genügen die Karacken den steigenden Ansprüchen nicht mehr, und allmählich setzt sich die von den Portugiesen entwickelte Galeone durch. Sie ist breiter und schwerer, da man große Laderäume braucht, um die Waren zu transportieren. Zudem muß sie wegen der Geschütze solide gebaut sein, denn die Seewege bleiben gefährlich. Im 17. Jahrhundert wandelt sich die Galeone Schritt für Schritt zum Linienschiff, das dann zwei Jahrhunderte lang der wichtigste Schiffstyp der europäischen Flotten bleibt. Aus Gründen des Gleichgewichts und der Bequemlichkeit verschwinden im Lauf der Zeit Vorder- und Achterdeckbauten fast völlig. Im 18. Jahrhundert schließlich wird der Rumpf immer flacher.

Les Voiles des Vaisseaux ſont suspenduës à des Vergues, t. ou à des manœuvres, u.
ttachées. La Vergue qui tient au grand mât, s'apelle la grande Vergue; celle qui ti
ſuivent la même loi, ainsi qu'on le voit dans le Renvoi qui répond à ce ſujet. Les V
ont les ſeules voiles que l'usage excepte de cette loi générale. La Vergue V. s'apelle

Masten und Segel

Die Masten und Segel werden ebenfalls weiterentwickelt. Das Linienschiff und seine „kleine Schwester", die Fregatte, haben in der Regel die traditionellen drei Masten, die jedoch immer länger werden, um Segel von großer Fläche tragen zu können. Alle Segel sind rechteckig und werden durch ein kompliziertes System von Tauen bewegt (daher laufendes Gut). Man kann die Segel setzen, sie in den Wind drehen und sie reffen, wenn ein Sturm aufkommt. Die Masten selbst werden von starken Tauen, den Wanten (das stehende Gut), gehalten. Zusätzliche Segel an Bug und Heck des Schiffs unterstützen die Wirkung des Ruders. Die Blinde, ein quadratisches Segel am Bug, ist wenig leistungsfähig, denn sie befindet sich zu dicht über dem Wasser, um den Wind nutzen zu können. Nach und nach wird sie durch Stagsegel und Klüver, ein dreieckiges Segel, das das Schiff leichter steuerbar macht, ersetzt. Außerdem trägt der Fockmast das Fock- und das Vorbramsegel.

H
G

C
B

Vom 18. Jahrhundert bis zum Ende der Segelschiffahrt

Wird der Schiffsrumpf zu Anfang im wesentlichen aus Eichenholz gefertigt, verstärkt man ihn seit Ende des 17. Jahrhunderts durch Metallelemente. Damit können die Schiffe größer gebaut werden. Die Karavelle des Christoph Kolumbus mißt etwa 20 m, die „Boudeuse“ Bougainvilles bereits 40 m. Die Fregatte oder das Kriegsschiff sind für lange Seereisen nicht allzu geeignet, deshalb werden langgestreckte und flach auf dem Wasser liegende Lastschiffe oder auch Kohletransporter, wie sie Cook, Lapérouse und d'Entrecasteaux benutzen, bevorzugt.

Am Ende des 18. Jahrhunderts haben die Segelschiffe eine technische Perfektion erreicht, die bis zum Ende der Segelschiffahrt nicht mehr übertroffen wird. Die Segelschiffe, die in der ersten Hälfte des 19. Jahrhunderts benutzt werden, unterscheiden sich kaum von den Schiffen Cooks oder Lapérouses.

Die Engländer schicken nacheinander zwei Expeditionen mit dem Ziel, die „terra australis“ zu finden, in den Pazifik: Doch sie bleibt unauffindbar.

„Die ‚terra australis‘ bildet gleichsam eine Welt für sich. Man kann nicht vorhersehen, was man dort vorfinden wird. Die Entdeckung dieser Länder kann bedeutungsvoll für den Handel und ein wunderbares Schauspiel für das Auge sein. Wahrscheinlich gibt es auch zwischen Japan und Amerika eine große Zahl von Inseln, deren Entdeckung sehr wichtig sein könnte.“
Pierre Louis Moreau de Maupertuis, 1752

1763 organisiert die englische Marine eine Reise um die Welt. An der Spitze der Expedition steht John Byron, der schon an Ansons Fahrt teilgenommen hat. Im Juli 1764 sticht er mit ehrgeizigen Zielen in See: Er will die südlichen Länder im Atlantik und im Pazifik finden. Außerdem soll er auf den Falkland-Inseln (Malvinen) einen Stützpunkt einrichten, von dem aus durch die äußerst günstige strategische Lage der Inseln – gleiche Entfernung zur Magellanstraße wie zum Kap Hoorn – die Engländer die Seewege in die Südsee kontrollieren können. Nachdem Byron seinen Auftrag auf den Falkland-Inseln ausgeführt hat, segelt er nach Patagonien. Wie schon Pigafetta ist auch er bei seiner Landung dort von der Größe der Bewohner beeindruckt. Anschließend segelt er mit seiner von Skorbut geschwächten Mannschaft weiter in den Pazifik.

Doch Byron entdeckt auf dieser Reise nichts Wesentliches. Wie alle anderen vor ihm hat auch er gegen Unwetter, Hunger und die Feindseligkeiten der Ureinwohner zu kämpfen. Im Mai 1766 kehrt er nach einer schnellen Weltumseglung durch die bekannten nordwestlichen Gewässer des Pazifiks wieder nach England zurück. Einige Monate später rüstet die englische Admiralität sein Schiff zu einer weiteren Expedition aus und betraut Samuel Wallis und Philip Carteret damit, das immer noch sagenhafte Australien im Südpazifik zu suchen.

Im August sticht die aus zwei Schiffen, der „Dolphin" und der „Swallow", bestehende Flotte von Plymouth aus in See. Am Eingang der Magellanstraße wird ein Aufenthalt von fast vier Monaten zur Aufnahme von neuen Vorräten eingelegt. Man nutzt die Zeit, um die Patagonier entsprechend der neuen Wissenschaftlichkeit zu messen, und stellt dabei fest, daß sie durchaus nicht die legendären Riesen sind. Weitere vier Monate lang kämpfen sich die Schiffe durch die Magellanstraße in den Pazifik.

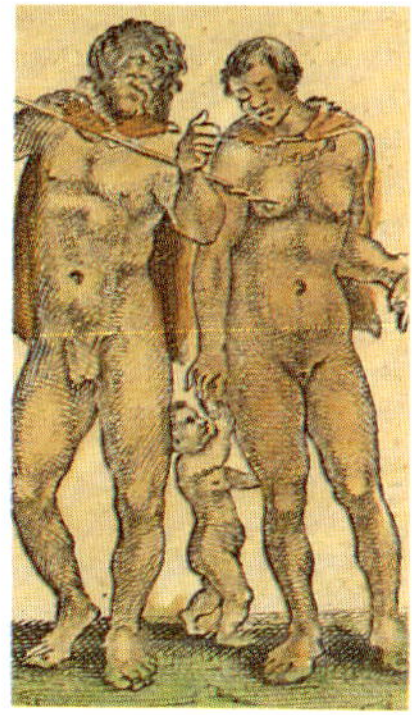

John Byron beschreibt die Patagonier als Riesen, neben denen ein englischer Offizier von 1,90 m Größe sich ausnehme wie eine Mißgeburt.

Bald verlieren sich die beiden Schiffe durch widrige Winde und Strömungen aus den Augen, und Wallis fährt allein weiter. Er kommt an dem schon von Magellan entdeckten Tuamotu-Archipel vorbei und gibt den verschiedenen Inseln Namen der königlichen Familie und anderer bedeutender Personen in England: Die erste nennt er Insel der Königin Charlotte, die zweite Osnabrück zu Ehren Friedrichs von Hannover, eine dritte Egmontinsel.

Im Juni 1767 treiben die Winde das Schiff nach Tahiti, wo zehn Monate nach ihm auch ein anderer Seefahrer landet, der Franzose Louis Antoine de Bougainville. Oberea, die Königin der Insel, schließt Freundschaft

Philip Carteret, der erste Europäer, der die Meerenge zwischen Neubritannien und Neuirland durchquert, nimmt im Namen des Königs von England, George III., von diesen Inseln Besitz.

mit Wallis und erweist ihm die landesüblichen Ehren. Als Gegengabe erhalten die Tahitianer Eisennägel. Auf der Insel gibt es kein Eisen, daher tauschen es die Tahitianerinnen gerne für die Gewährung ihrer Gunst ein. Einen Monat später sticht die Expedition wieder in See, nachdem Wallis Wachen aufstellen mußte, um die Landgänge seiner Matrosen einzuschränken und zu verhindern, daß das Schiff bald aller seiner Nägel beraubt ist. Es gelingt dem Kapitän, den Pazifik zu überqueren, und er kehrt über den Indischen Ozean nach England zurück.

Samuel Wallis befehligt die erste europäische Expedition nach Tahiti. Die Verbindungen zwischen den Engländern und den Bewohnern von Tahiti haben Höhen und Tiefen: Die häufigen Diebstahle durch die Insulaner führen zu vielen Auseinandersetzungen, die zu einer Konfrontation mit Waffen eskalieren (links). Die englischen Kanonen bewegen die Polynesier, sich mit den Fremden zu verständigen. Schließlich haben die Engländer doch noch einen angenehmen Aufenthalt auf der Insel. Wallis begegnet der Königin Oberea (oben), die den an Skorbut erkrankten Kapitän der Flotte gesundpflegt.

Die Gründung einer Kolonie auf den Falkland-Inseln ist Ziel der ersten Expedition Frankreichs, das sich jetzt auch am großen Abenteuer der Entdeckung der Welt beteiligen will.

Die Flotte des Grafen Louis Antoine de Bougainville, eines Offiziers der französischen Marine, sticht zur gleichen Zeit wie die des Engländers Wallis in See. König Ludwig XV., der sich für die Geographie begeistert, unterstützt zusammen mit Etienne François Choiseul, seinem Minister für Außenangelegenheiten, diese erste große wissenschaftliche Expedition der Franzosen.

Bougainville schlägt einen Plan in zwei Etappen vor, um endlich die „terra australis" zu finden: Zunächst soll auf den Malvinen ein Stützpunkt errichtet werden, von dem aus er dann in Richtung Südpazifik vorstoßen kann. Doch der zerrüttete Staatshaushalt Frankreichs erlaubt keine solchen Ausgaben. So fordert Choiseul die Gründung einer Gesellschaft, die als Geldgeber für die Errichtung eines Stützpunkts auf den Malvinen dienen soll. Der Plan gelingt, und so sticht Bougainville im September 1763 von St. Malo aus in See. Im darauffolgenden Februar landet er auf den Malvinen und nimmt sie in Besitz.

Doch die Reaktion läßt nicht lange auf sich warten: England schickt eine Flotte, um seine schon seit langem bestehenden Rechte auf die Inseln geltend zu machen. Auch die Spanier drücken ihren Unwillen aus: Sie beanspruchen sie ebenfalls für sich, da die Malvinen ihrer Meinung nach ein Teil Südamerikas und damit spanisches Eigentum sind. Angesichts der heftigen Proteste muß Bougainville nach zähen Verhandlungen mit Madrid das Archipel verlassen und die Inseln an Spanien zurückgeben.

Louis-Antoine, Graf von Bougainville, ein Schüler Jean-Baptiste d'Alemberts, ist der „ehrenhafte Mann" des 18. Jahrhunderts par excellence, weltgewandt und an allem interessiert.

Mehr denn je strebt Bougainville nun danach, Entdecker der „terra australis" zu werden. Für die Weiterreise wählt er dieselbe Route wie der Engländer Wallis.

Zurück in Frankreich, erbittet Bougainville die Erlaubnis des Königs, die Expedition in den Pazifik von den

Malvinen aus weiterführen zu dürfen. König Ludwig XV. und Choiseul lassen sich überzeugen und geben Befehl, zwei Schiffe für die Expedition auszurüsten. Die „Boudeuse" ist eine dreimastige Fregatte, schnell und solide, aber sonst schlecht für eine derartige Unternehmung ausgerüstet. Die „Etoile" ist ein ziemlich flaches Handelsschiff mit rundem Heck und großen Laderäumen. Sie ist besonders geeignet, Lebensmittel und anderes Material in ausreichender Menge für eine mehrjährige Expedition mitzunehmen.

Die Mannschaft setzt sich aus etwa 300 Personen zusammen, unter denen mehrere erprobte und wissenschaftlich ausgebildete Marineoffiziere sowie bedeutende Wissenschaftler sind. So soll z.B. der Naturforscher Philibert Commerson die Fauna und Flora erkunden und der Astronom Véron eine neue Methode der Längenmessung prüfen und verbessern. Die Anweisungen des Königs lauten: „Auf seiner Reise nach China soll Sieur Bougainville die Küsten, die im pazifischen Ozean zwischen Indien und der Westküste Amerikas liegen, suchen. Sobald Sieur Bougainville noch unbekannte Länder erreicht, soll er an verschiedenen Orten Fahnenmasten errichten und die Orte im Namen des Königs von Frankreich in Besitz nehmen."

Am 15. November 1766 bricht Bougainville nur mit der „Boudeuse" von Nantes aus auf, während die „Etoile" erst in Rio de Janeiro zu ihm stößt. Ende des Jahres 1767 fahren beide Schiffe in die Magellanstraße ein, und Bougainville gibt ebenfalls eine sehr genaue Beschreibung der Patagonier, die unter schwierigsten Umständen leben,

Ludwig XV. erkennt die Bedeutung der Seefahrt und Kolonialpolitik nicht. Anstatt daß Frankreich seinen Besitz in Übersee bewahrt und verteidigt, erschöpft es sich in drei großen europäischen Kriegen. Der dritte dieser Kriege, der Siebenjährige Krieg, endet mit der völligen Niederlage Frankreichs. So gilt es zunächst, die finanzielle Lage zu verbessern und die Flotte neu aufzubauen. Dieser Aufgabe widmet sich Choiseul von 1761 an vorrangig, zumal die Feindseligkeiten noch nicht beigelegt sind. Die Franzosen und Engländer mißachten auch weiterhin den Vertrag von Tordesillas, nach dem die Malvinen (unten) den Spaniern gehören.

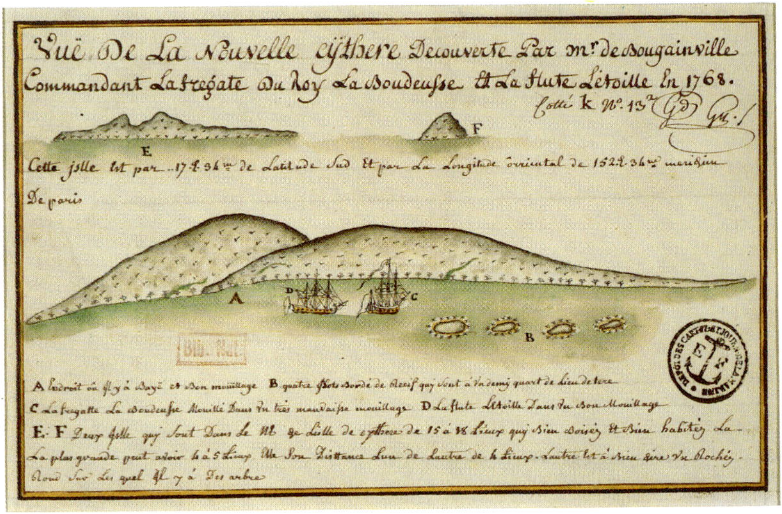

da das Klima sehr rauh ist. Er stellt fest, daß sie nicht größer oder kleiner als andere Menschen sind. Bougainville folgt fast genau der von Wallis benutzten Route. Im April kommt die Flotte in Sichtweite einer grünen, einladenden Insel: Damit erreicht Bougainville nur wenige Monate nach Wallis Tahiti.

„Wir brauchten dringend eine Ruhepause, einen Halt, um uns mit Holz und Frischwasser zu versorgen, und wir hofften, daß wir das in diesem Land finden würden.“

Bougainville

Trotz gewisser Vorbehalte gegenüber dem Edelmut der Polynesier beschreibt Bougainville Tahiti voller Enthusiasmus.

Der Empfang durch die Insulaner ist überaus freundlich, und die Tahitianerinnen bieten sich selbst den Seefahrern als Willkommensgruß an. Daher stammt der Ruf Tahitis, ein Paradies der Natur und der Sinnlichkeit zu sein. „Ich glaubte mich in den Garten Eden versetzt“, schreibt Bougainville. „Überall herrschten Gastfreundschaft, Ruhe, eine süße Freude und alle Anzeichen des Glücks.“ Deutlich hört man aus seinem Bericht den Geist des Naturphilosophen Jean-Jacques Rousseau, der damals in Frankreich

einer der meistgelesenen Literaten ist. Offensichtlich hofft Bougainville, Rousseaus „edle Wilde", die noch nicht durch die Gesellschaft verdorben sind, in den Insulanern gefunden zu haben.

Aber die Franzosen werden von den Stammeshäuptlingen nicht mit ungeteilter Freude aufgenommen, sondern sollen schon bald weiterfahren. Nur widerstrebend gestehen die Herrscher der Insulaner Bougainville einen Zwischenaufenthalt von zwei Wochen zu. In dieser Zeit plündern die Einheimischen trotz der aufgestellten Wachen die Lager der Franzosen an Land. Bougainville, weitsichtiger als der Rest der Mannschaft, erkennt schon bald, daß die polynesische Gesellschaft längst nicht so idyllisch ist, wie es auf den ersten Blick scheint. Auf Tahiti und den anderen Inseln werden gnadenlose Stammesfehden ausgefochten. Zahlreiche Privilegien unterscheiden die Könige und die allmächtigen Stammesfürsten von einfachen Untertanen, die unter Sklaverei und Menschenopfern leiden.

Als Bougainville am 15. April die Anker lichten muß, bittet ein junger Tahitianer namens Aoturu darum, auf der „Boudeuse" mit nach Frankreich fahren zu dürfen. Bougainville versucht ihn davon abzubringen, stimmt aber schließlich zu. Der junge polynesische Häuptling Aoturu ist damit der erste Mensch seiner Rasse, der europäischen Boden betritt. Auf der Reise führt er Bougainville in die Sitten und Gebräuche der Tahitianer ein. Ihm verdanken wir den ersten genauen Bericht über die Insel Tahiti, die damit in die Geschichte eintritt. Da Bougainville wohl nicht weiß, daß ihm die Engländer zuvor gekommen sind, nimmt er die Insel offiziell im Namen Ludwigs XV. für Frankreich in Besitz.

Er verläßt Tahiti mit der düsteren Vorahnung, daß er ein Vorläufer einer unheilvollen Veränderung der tahitianischen Gesellschaft ist. „Es wäre den Bewohnern zu wünschen, daß die Natur ihnen die Objekte europäischer Gier versagt hätte. So wird, was uns anzog, alle

Bougainville (sitzend) begutachtet, flankiert von seinen Offizieren, die Früchte, die die Tahitianer täglich gegen Nägel, Werkzeug, Glasperlen, Knöpfe und tausend andere Kleinigkeiten, die sie für Schätze halten, eintauschen. Als Dank für den Empfang auf Tahiti „säten wir für sie Weizen, Gerste, Hafer, Reis, Mais, Zwiebeln und verschiedene Gemüsesorten aus" (Bougainville).

Übel des Eisenzeitalters auf sie ziehen. Adieu, du glückliches und weises Volk, bleibe immer, was du heute bist."

Unwetter, Skorbut, Hunger: Nach ihrem Aufbruch von Tahiti geraten die Seeleute von einem Unheil ins andere.

Die Fregatte Bougainvilles kentert beinahe auf den Korallen des Großen Barriereriffs vor der australischen Küste. Der Sommer 1768 bringt die größten Schwierigkeiten mit sich. Zu den Gefahren der äußerst problematischen Navigation in unbekannten Gewässern mit unzähligen Inseln kommen wiederholt Angriffe von den Papuas, und darüber hinaus droht der Schiffsbesatzung eine Hungersnot. Es ist nicht möglich, irgendwo vor Anker zu gehen und Proviant an Bord zu nehmen. So schwinden die Vorräte, das Wasser fault, die Rationen werden immer kleiner. Schon bald bleibt außer den Ratten nichts mehr übrig. „Ich aß zusammen mit dem Prinzen von Nassau eine Ratte. Wir fanden sie sehr gut und waren glücklich darüber, daß nur wir zwei sie gut fanden. Wir hofften, daß niemand sie ebenfalls probieren und eßbar finden würde", schreibt der offizielle Berichterstatter der „Boudeuse".

Am 2. September erreicht die erschöpfte Mannschaft die Molukken und landet an einem holländischen Kontor. „Noch acht Tage auf See, und viele von uns wären nicht mehr am Leben und fast alle krank. Die Lebensmittel, die wir noch hatten, waren so schlecht, daß wir den Augenblick am schlimmsten fanden, wenn die Mittagsglocke uns zu den verdorbenen und ungesunden Vorräten rief."

Der holländische Gouverneur erlaubt Bougainville, sich mit Proviant zu versorgen, obwohl die Hafeneinfahrt sonst für nicht unter holländischer Flagge segelnde Schiffe verboten ist. Nachdem sich die Mannschaft wieder erholt hat und Lebensmittel geladen sind, nimmt die Flotte Kurs auf den Indischen Ozean und erreicht St. Malo im März 1769. Bougainville notiert: „Ich lief am 16. nachmittags dort ein und hatte nur sieben Mann während dieser Reise verloren, die seit unserer Abfahrt aus Nantes zwei Jahre und sieben Monate gedauert hatte."

Paris bereitet Bougainville einen triumphalen Empfang. Auch wenn Bougainville keine nennenswerte Entdeckung gemacht hat und die Lage Australiens weiterhin ein Geheimnis bleibt, ist sein Werk doch von Bedeutung. Durch seinen Reisebericht lenkt er die Auf-

Im 18. Jahrhundert beschäftigt man sich mit der Verbesserung der Lebensbedingungen und des Gesundheitszustands an Bord, da die Matrosen oft durch Epidemien oder Krankheiten hinweggerafft werden, die von der mangelhaften Ernährung herrühren. Seit 1704 gibt es erste Fachschulen für Seemedizin und Chirurgie.

merksamkeit Frankreichs auf den Pazifik, besonders aber auf Tahiti.

Aoturu, der tahitianische Passagier der „Boudeuse", erzeugt einige Aufmerksamkeit und weckt die Neugier der Pariser. Er ist der „edle Wilde" schlechthin, von dessen Existenz Rousseau immer geschrieben hatte, ohne je selbst einen gesehen zu haben. Dank der Astronomen der Expedition kann die Lage zahlreicher Inseln genauer bestimmt werden, und die vielfältigen Entdeckungen Commersons tragen zur Erweiterung der botanischen und zoologischen Kenntnisse bei.

Bougainville hat Aoturu versprochen, ihn in seine Heimat zurückzubringen. Nicolas Marion-Dufresne kümmert sich auf der Reise um ihn, aber unglücklicherweise erkrankt der junge Tahitianer und stirbt. Marion-Dufresne landet auf Neuseeland, wo er am 12. Juni 1772 ums Leben kommt.

VIERTES KAPITEL

COOK UND DAS ENDE DER „TERRA AUSTRALIS INCOGNITA“

Als Cook zu seinen Entdeckungsreisen, die die Geographie revolutionieren sollen, in See sticht, sind die Navigatoren und Wissenschaftler nach wie vor von der Existenz eines Südkontinents überzeugt. „Es muß noch einen weiteren Kontinent im Süden Asiens geben, der den Globus im Gleichgewicht hält.“ (Charles de Brosse)

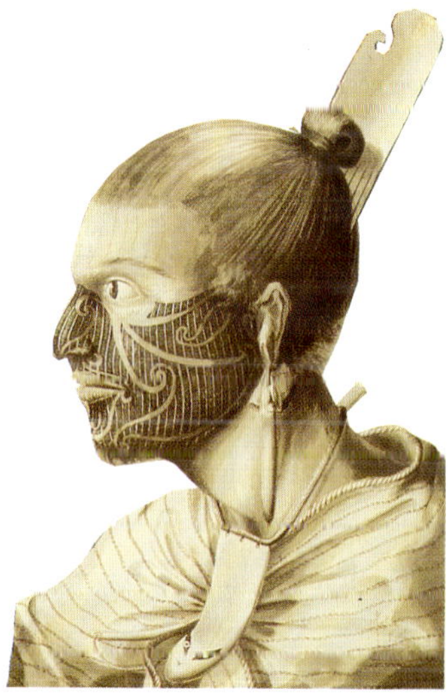

Durch die Bilder von Sydney Parkinson, dem Maler, der Cook auf seiner ersten Reise begleitet, lernt man in Europa die Gesichtstätowierung der Maori kennen.

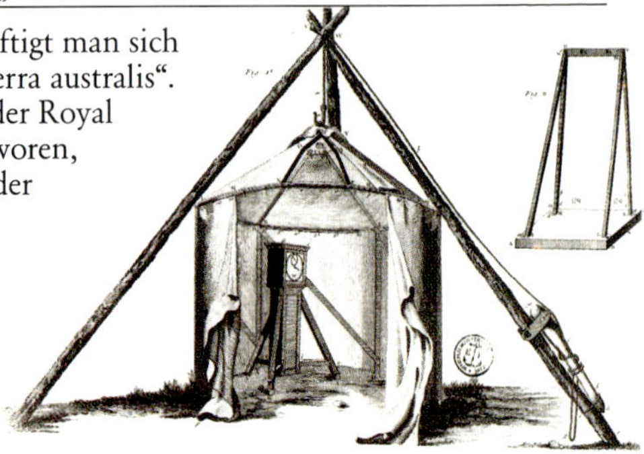

In England und Frankreich beschäftigt man sich viel mit der noch unentdeckten „terra australis“. Alexander Dalrymple, Geograph der Royal Society in London, hat sich geschworen, dieses Land zu finden. Gerade in der Mitte des 18. Jahrhunderts wird auch ein großes astronomisches Ereignis erwartet: eine Sonnenfinsternis durch die Venus. Nach den Berechnungen des Astronomen Edmond Halley soll es am 3. Juni 1769 dazu kommen. Man will versuchen, das Naturschauspiel von verschiedenen Punkten der Erde aus zu beobachten, um die Entfernung der Sonne von der Erde berechnen zu können. Tahiti scheint für die Beobachtung sehr günstig gelegen zu sein. Die englische Admiralität beschließt deshalb, eine Expedition dorthin

Tragbares Observatorium, das von Cook auf seinen Reisen benutzt wird.

zu entsenden. Dalrymple sieht in dieser Expedition die Gelegenheit, gleichzeitig nach der „terra australis" zu forschen. Seine Hoffnung, die Expedition selbst leiten zu können, erfüllt sich jedoch nicht, da sich die Admiralität weigert, einem Zivilisten das Kommando über ein königliches Schiff anzuvertrauen. Statt dessen schlägt die Royal Navy einen unbekannten Mann als Kapitän vor: James Cook.

1768 ist Cook 40 Jahre alt. Er ist der Sohn eines kleinen Bauern aus Marton, Yorkshire, und heuerte schon in sehr jungen Jahren auf den Kohleseglern an, die vor Whitby, einem kleinen Hafen an der Nordwestküste Englands, kreuzen. Cook geht durch eine harte Schule auf diesen Kähnen, die bei jedem Wetter in allen Häfen Kohle laden, um sie nach London zu transportieren. Schon bald erkennt man Cooks seemännische Fähigkeiten und vertraut ihm das Kommando über ein solches Schiff an.

Die „Endeavour", die Cook für die erste Expedition wählt, besitzt einen großen Laderaum und einen Tiefgang von 4,50 m, der ihr erlaubt, bis nahe an die Küsten zu segeln. Sie ist etwa 370 t schwer, 35 m lang und 9 m breit. Obwohl nur wenig Platz vorhanden ist, gelingt es Cook, das Innere des Schiffes so einzuteilen, daß auch die Wissenschaftler mit ihren Instrumenten untergebracht werden konnen. Das Schiff ist mit sechs Kanonen bestückt.

Doch Cook hat ganz andere Pläne: Er will in die Kriegsmarine. Im Siebenjährigen Krieg heuert er auf einem Kriegsschiff an und wird schon bald vom Kapitän lobend erwähnt. Anschließend nimmt er an einem Kriegszug nach Kanada teil.

An Bord der „Pembroke“ beteiligt er sich an der Vermessung des Sankt-Lorenz-Stroms und der Küsten von Neufundland und Labrador. Aufgrund dieser Erfahrung erhält er nach seiner Rückkehr das Kommando über eine Forschungsexpedition in den Pazifik und wird beauftragt, die „terra australis“ zu finden.

1768: Cook läßt die „Endeavour“, die voll mit Vorräten und Material beladen ist, Anker lichten.

Cook wählt für die Expedition ein Schiff, das er kennt: einen Kohlesegler aus Whitby. Er kennt die Qualitäten der massiven, dickbauchigen Kähne. Sie sind robust und verfügen über große Laderäume, in denen Mengen von Vorräten

Nach seinem Tod verleiht man Cook ein Wappen, dessen Devise lautet: „Es gibt nichts, was er nicht versucht hat.“ In kritischen Situationen bewahrt er kühlen Kopf und sorgt gut für seine Besatzung. Jedoch ist er so jähzornig, daß der kleinste Widerspruch seitens eines Offiziers oder eines anderen Untergebenen bei ihm heftige Wutausbrüche auslöst. Was das Reglement der Strafen für Vergehen anbelangt, besteht er unerbittlich auf dessen Einhaltung.

für eine lange Fahrt gelagert werden können. Die Mannschaft der „Endeavour" besteht aus etwa 100 Mann, darunter mehrere Zivilisten. Da sind Alexander Buchan, der Landschaftsmaler, Sydney Parkinson, ein Naturhistoriker, ein Zeichner, ein Astronom und zwei Naturforscher. Der unangenehmste „Passagier" ist Joseph Banks, ein junger, schwerreicher Aristokrat, der sich auf Naturgeschichte spezialisiert hat. Dieser schifft sich mit einer zahlreichen Dienerschaft ein.

Der Laderaum wird mit Vorräten für etwa ein Jahr, die Cook mit äußerster Sorgfalt auswählt, gefüllt. Außer dem üblichen Proviant sorgt er vor allem für Lebensmittel gegen den Skorbut: Zitronen, Sauerkraut, Zwiebeln, Essig und Fruchtsäfte.

Am 26. August 1768 segelt Cook an Bord der „Endeavour" von Plymouth aus ab. Er wählt die inzwischen üblich gewordene Route um Kap Hoorn in den Pazifik. Nach einer siebenmonatigen Seereise wirft Cook im April 1769 Anker vor Tahiti – mit einer Mannschaft, die sich bester Gesundheit erfreut. Die Wissenschaftler können mit ihren astronomischen Beobachtungen beginnen. Die Instrumente, mit denen sie den Durchgang

Wie seine Vorgänger versorgt sich Cook auf Feuerland mit frischen Vorräten. Er beschreibt die Feuerländer als eines der ärmsten Völker, die es gibt. Die Zeichnungen Alexander Buchans, des Malers der Expedition, vermitteln ein Bild davon.

der Venus vor der Sonne beobachten wollen, werden überprüft und aufgestellt.

Damit hat Cook seinen ersten Auftrag erfüllt und geht nun ganz auf Südkurs. Im Oktober ankert die „Endeavour“ vor einer Landmasse, die sich bis zum Horizont erstreckt. Cook hat allen Grund anzunehmen, daß es sich um die „terra australis“ handelt. Doch schon kurz nach der Landung auf Neuseeland – wie sich später herausstellt, ist Cook auf dieser Insel gelandet – werden die Seefahrer von den Maori, einem kriegerischen Volk, angegriffen. Die Maori umzingeln die „Endeavour“ mit ihren *Pirogen*, so daß sich Cook gezwungen sieht, Schießbefehl zu geben.

Anschließend läßt er Segel setzen und fährt an der Küste entlang, um festzustellen, ob es sich wirklich um den gesuchten Kontinent handelt. Noch während seiner Fahrt zeichnet er eine erstaunlich genaue Karte, die über Jahrzehnte hinweg die nachfolgenden Seefahrer auf ihren Reisen benutzen.

Als das Schiff an den Ausgangspunkt zurückkehrt, muß Cook sich eingestehen, daß er statt eines Kontinents zwei Inseln umsegelt hat, die durch eine Meerenge voneinander getrennt sind. Diese Meerenge trägt bis heute seinen Namen. Banks notiert in seinem Reisetagebuch: „Das ist die Zerstörung der Sicherheit, die wir auf unserem Wunschtraum, diesen Kontinent gefunden zu haben, aufbauten.“

Auf dem Rückweg lernt Cook die Schätze, aber auch die Tücken der Natur kennen.

Im März 1770 macht sich die „Endeavour“ über die Westroute auf die Rückreise. Dabei erforscht Cook die Ostküsten von Neuholland, das bis heute zu Australien gehört. Die Flora und Fauna dieser Insel stellt die englischen Wissenschaftler vor viele Rätsel.

Die Maori von Neuseeland greifen von ihren Kriegsbooten aus die Europäer an.

Ein Tier, das Känguruh, fasziniert die Europäer besonders. Eine Bucht, in der viele neue Pflanzen- und Tierarten entdeckt werden, tauft Cook „Botany Bay" (Australien). Er segelt weiter Richtung Norden, wobei sein Schiff auf ein scharfes Korallenriff, das Große Barriereriff, aufläuft. Da der Rumpf schwer beschädigt ist, bleibt Cook nichts übrig, als einen Halt einzulegen.

Im Juli 1771 kehrt die „Endeavour" nach England zurück. In wissenschaftlicher Hinsicht war diese erste Forschungsreise sehr erfolgreich. Neben zahlreichen ethnographischen Beobachtungen über die polynesischen und australischen Völker gibt der große Seefahrer genaue geographische Beschreibungen über den pazifischen Raum und beginnt, alte Legenden zu widerlegen. Durch

„Außer Känguruhs gibt es hier Wölfe, Opossums (das sind rattenähnliche Tiere) und Giftschlangen. Das Känguruh bewegt sich fort, indem es rennt oder springt. Es gleicht keinem Tier, das ich in Europa je gesehen habe."

Cook

seine genauen kartographischen Aufzeichnungen ist Australien nun endgültig ein Teil der bekannten Welt geworden. Cook bezweifelt, daß es im Pazifik noch einen weiteren Kontinent gibt, es sei denn, er läge noch weiter südlich als bisher angenommen.

Cook und die Naturwissenschaftler der ersten Reise, Banks und Solander, gehen in der Botany Bay an Land, wo sie trotz der feindlichen Haltung der Einheimischen zahlreiche Exemplare unbekannter Pflanzen sammeln.

Die zweite Reise Cooks beginnt im Juli 1772. Dieses Mal segelt er weit in den Süden.

Nach der erfolgreichen Reise der „Endeavour“ beschließt die Admiralität, sogleich eine neue Expedition auszurüsten. Wiederum wird Cook mit der Leitung des Unternehmens beauftragt. Aufgrund seiner guten Erfahrungen wählt er mit der „Resolution“ und der „Adventure“ erneut zwei Kohlesegler aus Whitby. Dieses Mal will Cook das Rätsel um den südlichen Kontinent endgültig lösen.

Am 13. April 1772 sticht er in See und fährt diesmal in umgekehrter Richtung wie bei der ersten Reise. Er beabsichtigt, die Erde so weit südlich wie möglich zu umsegeln, um festzustellen, ob es tatsächlich einen „australischen" Kontinent gibt. Wieder gehört zu seiner Mannschaft eine Gruppe von Wissenschaftlern: der Naturforscher Georg Forster, der Astronom Wales und der Maler William Hodges.

Auf beiden Entdeckungsfahrten in die Polargegend erweist sich, daß es keine noch weiter südlich gelegene Passage gibt.

Vorbei an den Kapverdischen Inseln und dem Kap der Guten Hoffnung segelt Cook immer weiter Richtung Süden. In der Zeit um Weihnachten des Jahres 1772 befindet sich die Flotte in der Nähe des südlichen Polarkreises. Cook versucht monatelang, eine Passage durch das Eis zu finden. Schließlich dreht er nach Norden ab und gelangt im März 1773 nach Tahiti. Wie vor ihm schon Bougainville nimmt er einen jungen Tahitianer mit, der ihn auf der ganzen Reise begleitet und später in London genauso bestaunt wird wie einst Aoturu in Paris.

Nach einem erholsamen Aufenthalt auf Tahiti unternimmt Cook einen neuen Vorstoß in die Eisregion, aber das Packeis bleibt undurchdringlich, es gibt kein Durchkommen für die Flotte. Cook vermutet, daß es einen antarktischen Kontinent gibt, der aber viel zu kalt ist, als daß eine menschliche Ansiedlung dort existieren könnte.

„Ich, dessen Ehrgeiz es war, weiter Richtung Süden zu segeln, als es vor mir einem Menschen gelungen ist, gebe zu, daß mich dieses Hindernis nicht stört. Es bedeutet das Ende der unsäglichen Leiden, die mit dem Manövrieren in den Polarregionen verbunden sind. (...) Jetzt habe ich keinen Grund mehr, nicht zurückzukehren..." (Cook)

Cook beschließt, in mildere Breiten zu segeln. Nacheinander steuert er die Osterinsel, die Marquesas, Tahiti, die Neuen Hebriden, Neukaledonien und Neuseeland an.

Die Wissenschaftler, die Cook auf seiner zweiten Reise begleiten, verfügen bereits über das Chronometer von John Harrisson – was einen bedeutenden Fortschritt für die Seefahrt bedeutet. Dieses Instrument ermöglicht ein sichereres Navigieren und eine genaue Kartographie, da es nunmehr möglich ist, die Längengrade zu messen. Der Längengrad kann durch den Unterschied bestimmt werden, der zwischen der Ortszeit und der Zeit des Ausgangspunkts besteht.

Bougainville und sein Astronom Véron haben vorher schon mit einer anderen, ziemlich komplexen Methode gearbeitet. Ihre Messung gründet sich auf den Mondabstand, das heißt die regelmäßige Veränderung des Abstands des Mondes von der Sonne.

Der Maler auf der „Resolution“

William Hodges, Sohn eines einfachen Schmieds, wurde am 28. Oktober 1744 geboren. Er sticht 1772 zusammen mit Cook an Bord der „Resolution“ in See. Ziel der Expedition ist es, den legendären australischen Kontinent zu lokalisieren. Hodges wird als Teilnehmer für die Expedition bestimmt, da er von Beruf Landschaftsmaler ist. Er malt und zeichnet den Verlauf und das Aussehen der Küsten. Durch die Tönungen und Abstufungen in den Aquarellen werden die verschiedenen Entfernungen vom Betrachter angedeutet.

Matavai Bay auf Tahiti

Im August 1773 fahren die „Resolution" und die „Adventure" quer durch das Tuamotu-Archipel und werfen Anker vor Tahiti, nachdem sie gerade noch dem Kentern auf den Korallenriffen entgangen sind. Im Gegensatz zu Buchan und Parkinson – die wissenschaftlichen Maler der ersten Reise auf der „Endeavour" – sind die völkerkundlichen Beobachtungen für Hodges eher zweitrangig. Ihm kommt es vielmehr auf die Atmosphäre, das Licht und die Farben der Landschaften an, die sie passieren.

Die Osterinsel

„Die riesenhaften Statuen, die so oft erwähnt werden, sind keine Götzenbilder. (…) Ich glaube eher, daß es Grabmäler für bestimmte Stämme oder Familien sind. Ich habe ein menschliches Skelett gesehen, das – erst kurz vorher unter Steinen begraben – auf einer der Terrassen ausgestreckt lag. (…) Diese Statuen stehen im allgemeinen am Rand von Steilküsten, das Gesicht dem Meer zugewandt. Sie sind aus einigen sehr großen Quadersteinen gehauen. Diese Arbeit ist nicht geringer als die besten Stücke des Steinmetzhandwerks, die wir in England finden. (…) Es muß eine langwierige und schwere Arbeit gewesen sein, die Statuen aufzustellen, und es vermittelt uns deutlich den Stand der Entwicklung und die Ausdauer der Insulaner zu der Zeit, als die Statuen errichtet wurden.“

Cook

Bei seiner Ankunft in England kann Cook von sich behaupten, die Illusion einer zugänglichen „terra australis“ endgültig zerstört zu haben.

Cooks Schiffe umsegeln das Kap Hoorn und kehren am 30. Juli 1775, drei Jahre nach der Abfahrt, nach Plymouth zurück. In seinem Logbuch zieht Cook Bilanz: „Wenn ich bei der Entdeckung eines Kontinents nicht erfolgreich war, so deshalb, weil es diesen nicht gibt, zumindest keinen, den man zu Wasser erreichen könnte... Es war möglich, die Mannschaft über eine derartig lange Zeit und bei solch unterschiedlichen Klimata bei guter Gesundheit zu halten. Das allein genügt, diese Expedition zu rechtfertigen.“

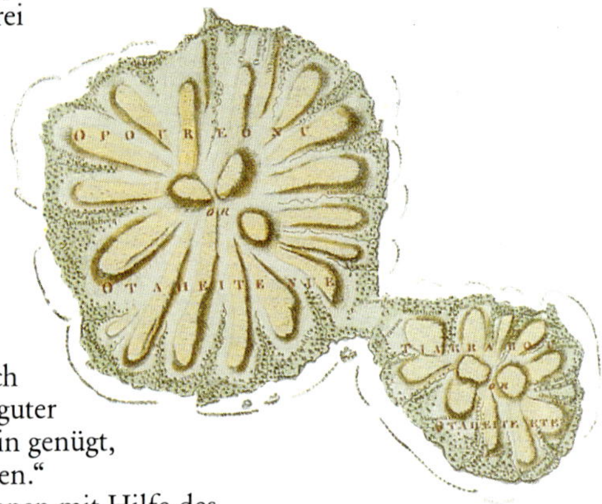

Karte von Tahiti, gezeichnet von Cook.

Auf dieser Expedition können mit Hilfe des Chronometers genaue Vermessungen der Längengrade vorgenommen werden. Nachdem Cook viele neue Erkenntnisse über den Südpazifik gewonnen hat, will er sich nun dem nördlichen Pazifik zuwenden.

Die Nord-West-Passage zwischen Atlantik und Pazifik ist das Ziel der dritten Reise Cooks.

Für dieses Unternehmen wählt Cook neben der alten, wiederhergestellten „Resolution“ einen neueren Kohlesegler, die „Discovery“. Unter der Besatzung befinden sich auch der Astronom William Bailey und der Maler John Webber. Ein Jahr nach seiner Rückkehr verläßt Cook im Juli 1776 England wieder und segelt von Plymouth aus auf der mittlerweile gut bekannten Route um das Kap der Guten Hoffnung.

Er wirft Anker vor Tasmanien und Neuseeland und untersucht dann drei Monate lang die heutigen Tonga-Inseln. Auf die wiederholten Diebstähle durch die einheimische Bevölkerung reagiert er mit harten Strafen. Er bringt seinen jungen tahitianischen Begleiter, den er auf der zweiten Reise mitgenommen hatte, nach Tahiti zurück.

„Die Insulaner konnten nicht ahnen, wie unsere eigentlichen Pläne waren: Wir landen in ihren Häfen, ohne daß sie es wagen, sich uns entgegenzustellen. Wir versuchen, als Freunde ihr Land zu betreten – um so besser, wenn es uns gelingt –, doch wie dem auch sei, wir betreten es dank der Überlegenheit unserer Feuerwaffen und wagen es, dort Fuß zu fassen und uns einzurichten.“

Cook

Dort wird Cook aufgefordert, einem Menschenopfer beizuwohnen. Die Zeremonie überzeugt ihn, daß auch die Tahitianer nicht dem Bild Jean-Jacques Rousseaus vom „edlen Wilden" entsprechen. Im Dezember 1777 verläßt Cook Tahiti, um seinen eigentlichen Auftrag zu erfüllen.

Auf Tahiti wohnt Cook einem Menschenopfer bei, mit dem man die Hilfe des Kriegsgottes gegen ein benachbartes Inselvolk herbeifleht.

Cook sucht nun einen Weg im äußersten Norden, aber das Packeis verhindert auch hier das Durchkommen.

Einen Monat später erreicht er eine Inselgruppe, die noch kein Europäer vor ihm gesehen hat. Zu Ehren des Ersten Lords der Admiralität nennt sie Cook „Sandwich-Inseln“.

In Wirklichkeit befindet er sich jedoch auf Hawaii, wo er von den Einheimischen mit großen Ehren empfangen wird, da sie ihn als Gott ansehen.

Doch Cook fährt schon bald weiter nach Norden, um die Nord-Passage zum Atlantik zu finden. Er segelt durch die Beringstraße bis an die Packeisgrenze. Die Eisbarriere, die sich auf die Schiffe zuzubewegen scheint, zwingt ihn aber abzudrehen, ohne eine Trasse gefunden zu haben. Um neuen Proviant an Bord zu nehmen, kehrt er nach Hawaii zurück, wo ihn die Einheimischen wiederum als Gott empfangen. Denn in ihren Augen ist er der in ihren Weissagungen prophezeite Weiße Gott, der an Bord einer riesigen Piroge kommen soll. Unglücklicher-

Omai, ein Insulaner von den Gesellschafts-Inseln, zu denen auch Tahiti gehört, wird von Cook nach England mitgenommen. Nach seiner Ankunft in London nimmt Omai an Bällen teil, lernt berühmte Leute kennen und inspiriert sogar Theaterstücke. Er wird durch das Gemälde eines der berühmtesten englischen Maler seiner Zeit, Joshua Reynolds, unsterblich gemacht.

weise kennt Cook die Sitten und Riten der Bevölkerung nicht und macht daher große Fehler. So weigert er sich zum Beispiel, geweihte Speisen zu verzehren, die ihm von den Priestern dargebracht werden, und er ankert ein zweites Mal in einer Bucht, in der er schon früher gelandet war, die aber mittlerweile mit einem *Tapu* belegt ist.

Die Mißstimmung der Hawaiianer steigt. Jean-François Lapérouse schreibt später: „Leider ist es nur zu sehr erwiesen, daß die Engländer die Feindseligkeiten anfingen. Sie erschossen einen vornehmen Anführer der Insulaner.“

Aufgrund eines unbedeutenden Diebstahls beschließt Cook, eine Strafexpedition auszusenden. Doch die Expedition endet mit dem Tod Cooks und einiger seiner Männer. Cooks beide Schiffe nehmen die Fahrt wieder auf und erreichen nach einer Reise von über vier Jahren England.

„Als er ihnen den Rücken zuwandte, um den Booten Befehle zu erteilen, wurde er hinterrücks erstochen und fiel mit dem Gesicht ins Meer.“
Kapitän King

Die Zeitgenossen und die späteren Seefahrer profitieren sehr von den genauen Aufzeichnungen Kapitän Cooks.

Cooks Erkenntnisse zerstören einen der großen Mythen, denen die Seefahrer und Wissenschaftler vor ihm nachjagten: daß es einen reichen Kontinent im Süden gäbe. Ohne seine genauen Karten über den Verlauf der Küsten und die Lage der Inseln wären spätere Expeditionen nicht so erfolgreich verlaufen.

Offiziere, Wissenschaftler und Matrosen rühmen im nachhinein Cooks seefahrerisches Können, seinen außerordentlichen Mut, seine Führungsqualitäten und sein Wissen als Ethnograph und Geograph.

Wenige Jahre später soll ein anderer großer Seefahrer, Jean-François Lapérouse, das Werk Cooks vollenden.

„Er war kaltblütig und unerschrocken in allen Gefahren, hatte große und eigenwillige Pläne. In allen Situationen zeigte er sich einzigartig: Aller Augen wandten sich ihm zu wie einem Stern, der uns führt."

Arzt der „Discovery"

Fünftes Kapitel

GEHEIMNIS UM LAPÉROUSE

Der Unabhängigkeitskrieg der Vereinigten Staaten unterbricht für eine Reihe von Jahren die europäischen Forschungsreisen in den Pazifik. Doch danach geht es den europäischen Mächten darum, das neuentdeckte Land wirtschaftlich zu nutzen. In Frankreich bereitet sich deshalb Jean-François Lapérouse auf eine Reise in den Pazifik vor.

Die ersten Reisenden, die auf Neuirland landen, sind über das Aussehen der Papuas sehr erstaunt.

Es ist eine große Forschungsreise: Lapérouse hat den Auftrag, im Pazifik eine Vielzahl von Untersuchungen vorzunehmen. Er ist nicht nur ein bemerkenswerter Seefahrer und erfahrener Diplomat, sondern verfügt auch über eine ausgezeichnete und umfassende Bildung. Daher erscheint er als der geeignete Mann für so ein ehrgeiziges Unternehmen.

König Ludwig XVI. überwacht persönlich die Vorbereitungen zu der Expedition. Die Küsten Alaskas und Kamchatkas sollen erforscht und die Frage geklärt werden, ob der Pelzhandel zwischen Amerika und dem Fernen Osten möglich ist. Ein weiteres Ziel ist es, neue Erkenntnisse über die Geographie des Pazifiks zu gewinnen. Der König befiehlt Lapérouse ausdrücklich, die Ureinwohner menschlich zu behandeln und nach Möglichkeit jedes Blutvergießen zu vermeiden.

Auch die französische Akademie der Wissenschaften und die Marineakademie beteiligen sich an der Vorbereitung der Reise. Sie stellen zwölf bestens ausgebildete Wissenschaftler – darunter Fleuriot de Langles, Direktor der Marineakademie und Freund Lapérouses –, die mit den modernsten Forschungsinstrumenten der Zeit ausgerüstet sind: dem Chronometer, tragbaren Observatorien und Materialien zum Fangen und Konservieren von Tieren und Pflanzen.

Kalifornische Baumwachteln, gezeichnet von J.-R. Prévost.

Nach Aufenthalten auf der Osterinsel und auf Hawaii kommt es vor der Küste Alaskas zum ersten Unglück.

Am 1. August 1785 verlassen die speziell gebauten Schiffe Lapérouses, die „Astrolabe“ und die „Boussole“, Brest und nehmen Kurs auf Kap Hoorn. Im April 1786 werfen sie vor der Osterinsel Anker, und einer der Künstler an Bord zeichnet die berühmten Statuen, die alle Reisenden faszinieren. Weiter geht es Richtung Norden, nach Hawaii. Lapérouse, ein Anhänger der Aufklärung, weigert sich, die noch unerforschten Inseln im Namen des französischen Königs in Besitz zu nehmen. Er ist der erste Europäer, der aus Achtung vor der einheimischen Bevölkerung mit der Tradition bricht, neue Entdeckungen für sich zu beanspruchen.

Lapérouse segelt weiter nach Norden und untersucht die Südküste Alaskas, an der vor ihm noch kein Franzose war. Er knüpft Kontakte zu den Indianern, die ihm Pelze anbieten. Er ankert in einer schön gelegenen Bucht, die er Port-aux-Français nennt. Dort sieht er sich aber mit wiederholten Diebstählen der Einheimischen konfrontiert. Es gelingt ihm, sich mit den Indianern zur beiderseitigen Zufriedenheit zu arrangieren.

Bevor er die Bucht verläßt, schickt er Beiboote aus, die die gefährliche Fahrrinne aus der Bucht ausloten sollen. Die Boote werden von Strömungen erfaßt und zerschellen an den Felsen. 21 Offiziere und Matrosen verlieren dabei ihr Leben, während auf der ganzen Reise bis dahin kein einziger Krankheits- oder Todesfall aufgetreten war.

König Ludwig XVI. begeistert sich für die Geographie, die Navigation und die Entdeckungsfahrten. Daher gibt er – im Beisein von Marschall de Castries, Staatssekretär der Marine, und von Kapitän Fleurieu, Direktor der Häfen und Arsenale – Lapérouse Anweisungen für seine Mission.

Am 13. Juli 1786 kommt es in Port-aux-Français zur ersten Katastrophe der Reise Lapérouses. Zwei Beiboote, die die Einfahrt der Bucht ausloten sollen, werden plötzlich von einer heftigen Strömung erfaßt und gegen die Felsklippen geschleudert. Lapérouse wartet einige Tage in der vergeblichen Hoffnung, daß einige Schiffbrüchige an die Küste geworfen werden. Am 30. Juli läßt er Anker lichten, nachdem man zur Erinnerung an die verunglückten Seeleute ein Denkmal errichtet hat: „In der Einfahrt zu diesem Hafen haben 21 tapfere Matrosen ihr Leben verloren. Wer auch immer Sie seien, mischen Sie Ihre Tränen mit unseren.“

Vor seinem rätselhaften Verschwinden entdeckt Lapérouse noch andere, bis dahin unbekannte Länder.

Anschließend segelt die Flotte vor der Küste Kaliforniens, die Lapérouse wegen ihres Reichtums rühmt, nach Süden. Danach überquert sie den Pazifik von Ost nach West, und nach einem Aufenthalt in Manila beginnt Lapérouse mit der systematischen Erforschung des Chinesischen und des Japanischen Meeres, die bis dahin kaum bekannt sind. Er erstellt genaue Seekarten, bevor er die Reise zur Küste Sibiriens bis Petropawlowsk fortsetzt. Auch hier knüpft Lapérouse Verbindungen zur einheimischen Bevölkerung und zum Gouverneur der russischen Kolonie an.

Von nun an schlägt Lapérouse wieder Südkurs ein, und die Flotte erreicht im Dezember 1787 die Samoa-Inseln. Als sich die Flotte mit Frischwasser versorgen will, kommt es unvermittelt zu einer kriegerischen Auseinandersetzung mit den Einheimischen. Fleuriot de Langle und zwölf Mann der Besatzung werden getötet. Entsetzt lichtet Lapérouse die Anker und segelt Richtung Australien. Dort trifft er auf Engländer, die gerade eine Kolonie in der Botany Bay – die ja nur wenige Jahre früher von Cook entdeckt wurde – gründen. Sie legen den Grundstein der heutigen Stadt Sydney.

Im Februar 1788 schickt Lapérouse einen Brief nach Frankreich. Das ist sein letztes Lebenszeichen. Er beschreibt darin seine nächsten Pläne: die Tonga-Inseln, Neukaledonien, die Salomonen, Neuguinea und Australien anzusteuern. Aber Lapérouse gerät in tropische Wirbelstürme und verschwindet auf unbekannte Weise.

Lapérouses Verdienst ist es, die systematische Erforschung des Nordpazifiks und der fernöstlichen Meere vorgenommen zu haben. Sein Bericht, der 1797 veröffentlicht wird, enthält interessante Beschreibungen der Völker, auf die er getroffen ist, und stellt ein lebendiges Zeugnis einer Forschungsreise im Pazifik dar.

Bewohner von Port-aux-Français, wo Lapérouse 1786 ankert.

1791 wird eine Suchexpedition ausgerüstet, die Lapérouse finden soll.

Seit Anfang des Jahres 1788 treffen keine Nachrichten von Lapérouse mehr in Frankreich ein. Seefahrer und Wissenschaftler sind gleichermaßen besorgt darüber.

Doch 1789 erschüttert die Revolution Paris und Frankreich, und so beschließt die Nationalversammlung auf Bitten Ludwigs XVI. erst 1791, einen Suchtrupp in die Südsee zu schicken. Zwei Schiffe werden ausgerüstet, und unter dem Kommando von Joseph Bruny d'Entrecasteaux und Jean Michel Huon de Kermadec verlassen die „Recherche" und die „Espérance" am 28. September desselben Jahres den Hafen von Brest. An Bord befinden sich viele hohe Offiziere und bedeutende Wissenschaftler. Zunächst segeln sie Richtung Kap Hoorn, weil man hofft, dort Anhaltspunkte für die Suche zu bekommen.

In der Tat erzählt ein englischer Offizier, daß er in der Nähe der Admirals-Inseln Leute in französischen Uniformen gesehen habe. D'Entrecasteaux nimmt daher Kurs auf den Südpazifik, folgt der Südküste Australiens von Tasmanien aus und ankert in einer Bucht, die er symbolisch „Bucht der Nachforschungen" tauft. An den folgenden Tagen untersucht er sie und stellt dabei fest, daß es sich nicht um eine Bucht handelt, sondern um einen Kanal, der eine kleine Insel vom Festland trennt. Der Kanal erhält den Namen D'Entrecasteaux-Kanal. Am 28. Mai 1792 segeln die Schiffe von Tasmanien ab und setzen Segel nach Neukaledonien, wo man gewässerkundliche Untersuchungen vornimmt. Aufgrund von Hinweisen, die sie hie und da erhalten, laufen die Franzosen im Juli den Hafen Vanikoro auf Santa Cruz

Lapérouse ist ein typischer Vertreter seiner Zeit. Unter dem Einfluß der Werke Rousseaus glaubt er an die natürliche Güte der „Wilden". Mit der Zeit ändert er seine Einstellung und macht von der Überlegenheit seiner Waffen Gebrauch.

an, wo sie aber keinerlei Spur der Schiffbrüchigen finden. Nach einem Aufenthalt auf den Molukken segeln sie wieder nach Süden.

Doch Krankheiten dezimieren die Mannschaft. Die Kommandeure d'Entrecasteaux und Huon de Kermadec sterben nacheinander an Skorbut und Ruhr. Mit einigen Schwierigkeiten kehren die Überlebenden schließlich nach Europa zurück. Es ist ihnen bei der Expedition nicht gelungen, das Geheimnis um das Verschwinden Lapérouses zu lüften. Dafür haben sie eine umfangreiche geographische Dokumentation hinterlassen.

Im Jahr 1772 beschreibt Marion-Dufresne die Bewohner Tasmaniens als „primitiv". Zeigen sich die Tasmanier bei der Landung von d'Entrecasteaux 1792 noch erschreckt, empfangen sie ihn schon ein Jahr später mit Tänzen (unten).

Im 19. Jahrhundert erleben die Forschungsreisen einen neuen Aufschwung und vollenden die Entdeckungen der vorausgegangenen Jahrhunderte.

Als 1815 das seit 1792 durch ständige Kriege erschütterte Europa langsam zur Ruhe kommt, zeigen sich neue Möglichkeiten für eine Wiederaufnahme der Forschungsreisen. Kennt man inzwischen den Pazifik auch in großen Zügen, ist doch noch längst nicht alles entdeckt. Zahlreiche Einzelheiten liegen noch im dunkeln. Die Lage vieler Inseln muß noch bestimmt und viele hundert Kilometer Küste müssen noch vermessen werden, damit man genaue Karten erstellen kann. Auch die Menschen dieser Regionen sollen genauer studiert werden. Eigentlich besteht auf allen Gebieten – der Mineralogie, Geologie, Botanik, Zoologie, Astronomie und Anthropologie – noch ein Mangel an Informationen.

Dank der relativ langen Friedensperioden in der ersten Hälfte des 19. Jahrhunderts können die europäischen Staaten und auch die USA ihre Flotten in erster Linie für wissenschaftliche Zwecke einsetzen.

Jules Dumont d'Urville ist eine der hervorragendsten Persönlichkeiten dieser Zeit. Ihm gelingt es, in 20 Jahren die Erde dreimal zu umrunden.

Seit seiner ersten Pazifikreise gilt Dumont d'Urville als Spezialist auf naturwissenschaftlichem Gebiet.

1790 geboren, studiert er später Naturwissenschaften und ist weithin bekannt, seit er auf einer Reise in die Levante den Kauf der Venus von Milo vermittelt, die ein Bauer in seinem Feld gefunden hat. Er hat einen schwierigen Charakter, ist jedoch ein ausgezeichneter Seemann und Wissenschaftler. Auf seiner ersten Reise um die Welt im Jahr 1822 auf der „Coquille" ist er zweiter Kommandant

Die Forschungsarbeit wird im 19. Jahrhundert von Wissenschaftlern, die sich immer mehr spezialisieren und immer zahlreicher werden, geleistet.

unter Louis Isidore Duperrey und besonders mit naturwissenschaftlichen Forschungen beauftragt. Duperrey seinerseits ist für astronomische und geographische Beobachtungen verantwortlich.

Die „Coquille" umrundet zunächst das Kap Hoorn, kommt an Tuamotu vorbei und erreicht Tahiti im Mai 1823. Anschließend segelt sie nach Neuguinea, zu den Molukken, um Australien herum und an Neuseeland vorbei zu den Gilbert-Inseln und den Karolinen und kehrt im März 1825 über Kap Hoorn nach Frankreich zurück, ohne einen Mann verloren zu haben.

1825: Dumont d'Urville verläßt Frankreich mit wissenschaftlichen Aufträgen, die er hervorragend löst.

Inzwischen ist er zum Fregattenkapitän befördert worden und erhält noch im selben Jahr das Kommando über die „Coquille", die auf den Namen „Astrolabe" umgetauft wurde. Dieses Mal soll Dumont d'Urville die Gegend zwischen Neuguinea und den Salomon-Inseln genauer erforschen. Außerdem soll er noch einmal nach Spuren von Lapérouse suchen. Der große Stab von Wissenschaftlern an Bord umfaßt Mediziner, Naturwissenschaftler, Astronomen, mehrere Gewässerkundler und Zeichner.

Am 25. April 1826 verläßt die „Astrolabe" Toulon und segelt um Kap Hoorn in den Pazifik, den sie trotz schrecklicher Unwetter unbeschadet erreicht.

Den größten Teil des Jahres 1827 widmet Dumont d'Urville der methodischen Erfassung der Neuen Hebriden, Neubritanniens, Neuirlands und der Nordküste Neuguineas. Im Dezember segelt die „Astrolabe" nach Tasmanien, wo man einen Erholungsaufenthalt einlegen will.

Dumont d'Urville hat inzwischen einiges geleistet: Er hat etwa 4000 Küstenkilometer vermessen, die bis dahin kaum bekannt waren. Außerdem hat er ungefähr 150 Inseln entdeckt oder ihre Position auf den Karten korrigiert und eine enorme ethnographische, zoologische und botanische Dokumentation zusammengestellt.

Die Naturwissenschaften erleben im 19. Jahrhundert eine aufsehenerregende Entwicklung. Während seiner ersten Reise auf der „Coquille" leistet Dumont d'Urville einen wesentlichen Beitrag zu einer ganz neuen naturwissenschaftlichen Disziplin, der botanischen Geographie.

Der Bericht Kapitän Peter Dillons führt Dumont d'Urville auf die Spur von Lapérouse und bis nach Vanikoro.

Nun gilt es, das Schicksal Lapérouses zu klären, eine Aufgabe, an der alle Vorgänger Dumont d'Urvilles gescheitert sind. In Tasmanien stößt er auf neue Hinweise: Der englische Kapitän Peter Dillon berichtet, daß er auf einer der Fidschi-Inseln einen Schwertknauf gefunden habe, der einem französischen Offizier gehört zu haben schien. Er habe ihn genau untersucht und auf dem Griff die Initialen von Lapérouse entdeckt. Der Schwertknauf des Seefahrers wird heute im Marine-Museum in Paris aufbewahrt.

Dieser Fund Dillons ist der entscheidende Hinweis für Dumont d'Urville, der zur Entdeckung der Schiffe Lapérouses führen soll.

Dillon weiß außerdem zu berichten, daß der Schwertknauf auf den Vanikoro-Inseln gefunden wurde. Dort hörte er von den Einheimischen, daß zwei große Schiffe hier Schiffbruch erlitten hatten. Zahlreiche Gegenstände, die wahrscheinlich den Schiffbrüchigen gehört hatten, zirkulierten auf den Inseln: Schüsseln und Silberlöffel, Ankerketten sowie Holzstücke mit der Lilie der Bourbonen. Das sind Beweisstücke für die Wahrheit der Geschichte der Insulaner.

Vanikoro auf dem Archipel der Inseln von Santa Cruz im Nordwesten der Neuen Hebriden (Vanuatu). Vor dem Schiffbruch Lapérouses ist noch kein europäischer Seefahrer dort gewesen.

Dumont d'Urville findet die Wracks der „Astrolabe" und der „Boussole" auf dem Grund des Meeres vor Vanikoro.

Aufgrund dieser Hinweise segelt Dumont d'Urville nach Vanikoro. Die kleinen Inseln sind immer in äquatorialen Nebel gehüllt, und Dumont d'Urville hat große Schwierigkeiten, einen günstigen Ankerplatz vor der Küste zu finden. Doch es gelingt den Franzosen, von Bord zu gehen, und die Hinweise, die sie finden, beseitigen alle Zweifel.

Bis heute rüstet die französische Marine immer wieder Expeditionen aus, die die Wracks der Schiffe Lapérouses heben und versuchen sollen, den letzten Teil der Reise des Seefahrers und den Verlauf der Katastrophe zu rekonstruieren: Die Expedition des Kapitäns Brossard und die des Vulkanologen Haroun Tazieff im Jahr 1964 sind nur zwei davon. Heute wissen wir mit Sicherheit, daß Lapérouse in Neukaledonien noch einen Aufenthalt einlegte.

„Unsere Leute sahen drei oder vier Seillängen unter Wasser Anker, Kanonen und Kugeln verstreut auf dem Meeresgrund liegen… Das Holz war verschwunden, und die Gegenstände aus Leder oder Eisen waren verrottet und hatten ihre ursprüngliche Form vollständig verloren. Ich ließ eine Schaluppe wenigstens einen Anker und eine Kanone bergen, um sie als Zeugnisse für den Schiffbruch unserer unglücklichen Landsleute nach Frankreich mitzunehmen."
Dumont d'Urville

Der zweite Offizier Dumont d'Urvilles und der Astronom Lottin errichten ihr Observatorium in einer kleinen Bucht bei einigen von den Insulanern verlassenen Hütten. Missionare von Neuseeland hatten sie vor der feindseligen Haltung der Einheimischen gegenüber Europäern gewarnt. Doch der Respekt der Insulaner vor den Kanonen ist größer als ihre Feindseligkeit.

Die Mannschaft der „Astrolabe“ füllt ihren Wasservorrat in der Bucht von Havre-de-Carteret auf Neuirland auf. Die Süßwasserversorgung bleibt bis zum Ende der Segelschiffahrt das Schreckgespenst der Seefahrer. Auf den Schiffen von damals ist der Durst ebenso häufig, wenn nicht noch häufiger, wie in der Sahara. Aus diesem Grund versucht man seit dem 17. Jahrhundert, das Meerwasser mit Hilfe eines Destillierapparates zu entsalzen, allerdings mit nur geringem Erfolg. Auf langen Reisen muß das Trinkwasser rationiert werden. Unter diesen Bedingungen ist die Auffüllung des Wasservorrats eine vorrangige Aufgabe der Offiziere zur See.

Von Neuseeland aus segelt die „Astrolabe“ nach Norden. Am 20. April 1827 legt sie auf Tonga-Tabou, einer der Inseln des Freundschafts-Archipels, zum ersten Mal an. Die Maori dort leben vom Fischfang und vom Ackerbau. Ihre Häuser sind aus Holz und geflochtenen Palmblättern gemacht. Palu, eines der Oberhäupter der Hausgemeinschaften, kommt an Bord der „Astrolabe“. Er bringt einen Kara-Zweig mit, um das Boot unter den Schutz der Götter zu stellen. Dann lädt er die Schiffsbesatzung zu sich ein. Viele der Alten erinnern sich gut an die Besuche von Kapitän Cook und d’Entrecasteaux. Aber außerdem erinnern sie sich an „zwei ähnliche Schiffe wie die Dumont d’Urvilles, die ebenfalls unter der weißen Flagge segelten“. Auf diesen Bericht hin vermutet Dumont d’Urville, daß Lapérouse nach seinem Aufenthalt in der Botany Bay planmäßig in Richtung Freundschafts-Inseln segelte.

Nachdem Dumont d'Urville einige Jahre zur Untätigkeit gezwungen war, unterbreitet er dem französischen König einen neuen Vorschlag: das antarktische Festland zu erforschen.

Wie Cook brennt d'Urville darauf, seine Forschungen fortzusetzen. Doch aus politischen und finanziellen Gründen werden von den Franzosen von 1830 bis 1835 keine Forschungsreisen ausgerüstet. Erst im Jahr 1836 entschließt man sich dank der persönlichen Intervention des Königs Louis-Philippe I., fünf neue Expeditionen in den Pazifik zu finanzieren. Dumont d'Urville erhält das Kommando über die wichtigste dieser Fahrten, über die Schiffe „Astrolabe" und „Zélée".

Am 1. Januar 1840 entdeckt er eine Festlandküste des antarktischen Kontinents, die er nach seiner Frau „Adélieland" nennt und im Namen des französischen Königs in Besitz nimmt.

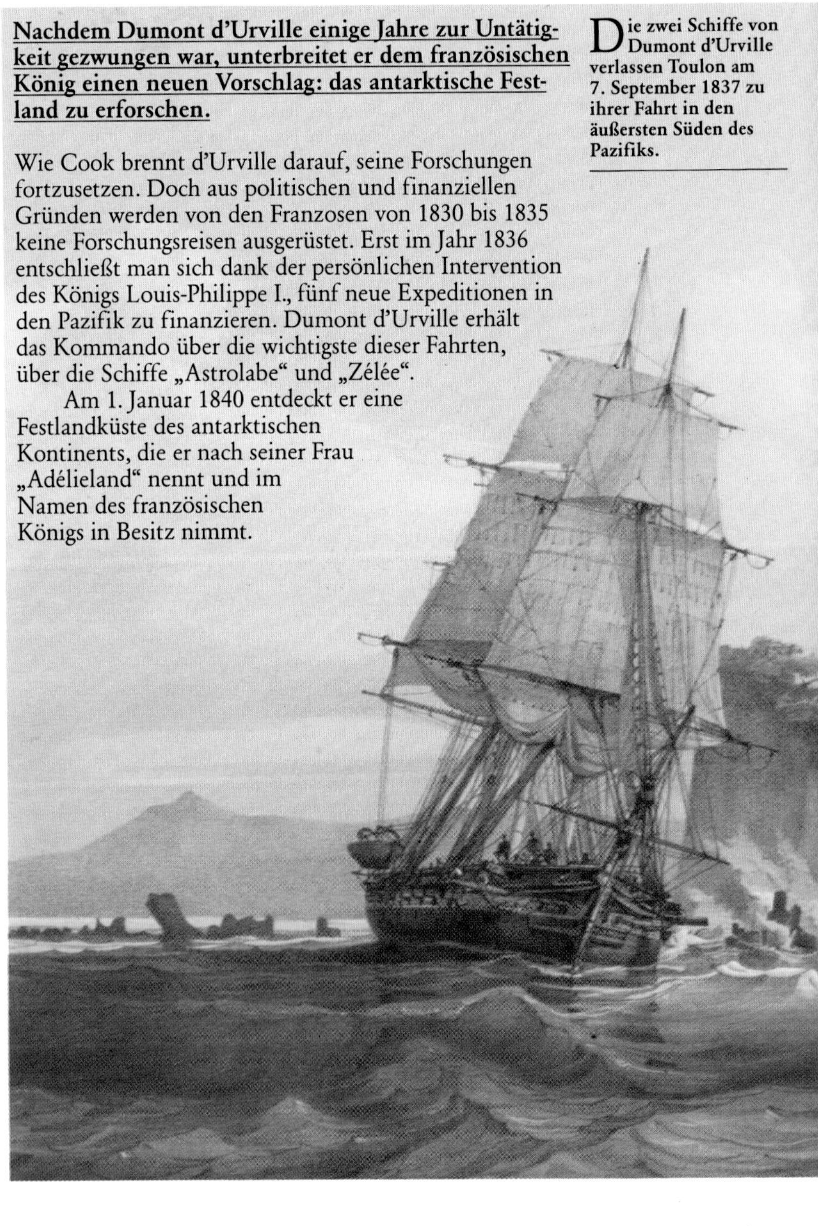

Die zwei Schiffe von Dumont d'Urville verlassen Toulon am 7. September 1837 zu ihrer Fahrt in den äußersten Süden des Pazifiks.

Obwohl diese Entdeckung von großer wissenschaftlicher Bedeutung ist, bleibt die Entdeckung Dumont d'Urvilles ohne nennenswertes Echo. Erst 1924 macht Frankreich seine Rechte geltend und richtet im Jahr 1950 eine Forschungsstation auf Adélieland ein, von der aus Wissenschaftler verschiedener Disziplinen die Erforschung des Terrains vornehmen sollen.

Dumont d'Urville kommt kurz nach seiner Rückkehr nach Frankreich um, doch seine Karten sind über ein Jahrhundert lang von Bedeutung.

Nach der langen und ermüdenden Reise sind die Männer am Ende ihrer Kräfte. So muß d'Urville über Neuseeland, Neukaledonien, die Torrès-Straße und den Indischen Ozean die Heimreise antreten. Am 7. November 1840 ankern die „Astrolabe" und die „Zélée" vor Toulon, nachdem sie die längste Reise, die je unter französischer Flagge gemacht wurde, beendet haben. Während dieser Reise hat Dumont d'Urville über

Ab April 1838 kreuzen die Korvetten im Pazifik und landen auf den Inseln Gambier, Tuamotu, Fidschi, den Neuen Hebriden, den Salomon-Inseln und Neuguinea. Danach durchqueren sie die Molukken-See und erreichen im Frühjahr 1839 Batavia (Djakarta). Schließlich segelt Dumont d'Urville westlich um Australien herum und landet auf Tasmanien.

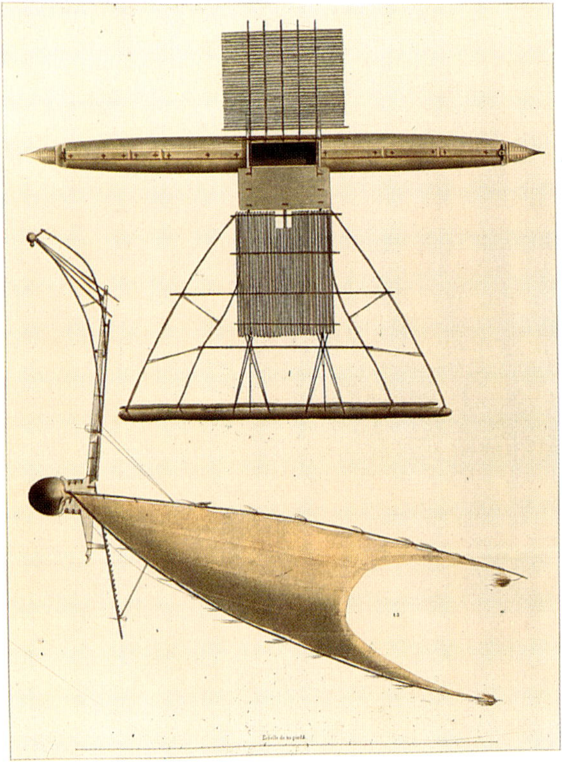

Die Polynesier und Melanesier sind bemerkenswerte Seefahrer. Sie navigierten schon lange vor der Ankunft der Europäer nach den Sternen. Die Polynesier, bekannte Entdecker und unermüdliche Kolonisatoren, durchkreuzten den Ozean in sämtliche Richtungen. Die Insulaner sind bedeutende Astronomen. Sie beobachten die Sterne und erinnern sich an die Reisen ihrer Vorfahren, die so lange nach Nord- oder Südosten segelten, bis sie die ihnen vertrauten Sterne nicht mehr sahen, sondern einen ganz neuen Sternenhimmel über sich hatten.

100 Seekarten erstellt, die so genau sind, daß sie erst nach dem Zweiten Weltkrieg revidiert werden.

Kurz nach seiner Rückkehr nach Frankreich kommt Dumont d'Urville auf tragische Weise ums Leben. Dieser Mann, der dreimal die Welt umsegelt und unzählige Gefahren überstanden hat, verbrennt am 8. Mai 1842 bei dem ersten Eisenbahnunglück Frankreichs in der Nähe von Meudon.

Mit der letzten Reise Dumont d'Urvilles geht das Zeitalter der großen Entdeckungsfahrten im Pazifik zu Ende. Das heißt aber nicht, daß die Forschungsaufgaben abgeschlossen sind. Noch viele Jahre lang forschen zahlreiche französische, englische und amerikanische Seefahrer in den verschiedensten Gebieten in allen Sparten der Wissenschaft. So sammelt der Kapitän der Korvette

„Rhin", Auguste Bérard, von 1842 bis 1846 eine Menge meteorologischer, astronomischer und hydrographischer Informationen.

Die Seefahrer der neuen Generation interessieren sich auch sehr für die Bevölkerung der Regionen, die sie besuchen, und stellen wertvolle Sammlungen zusammen. So bringt Charles Meryon, Oberleutnant auf der „Rhin", Zeichnungen von außerordentlichem ethnographischem Wert von seiner Fahrt mit.

Eine beeindruckende Menge von Erkenntnissen, die geordnet, korrigiert, wiederentdeckt, ergänzt und herausgegeben werden.

Dumont d'Urville vertieft auf der zweiten Reise seine Kenntnisse über die Behausung und die Bautechniken der Insulaner. Dieses heilige Haus auf Neuguinea ist charakteristisch für die Bauweise der Papuas.

Drei Jahrhunderte hat es also gedauert, um den größten Ozean der Welt zu entdecken und seine Ausdehnung und Geographie zu erforschen.

Nach und nach ist es den Seefahrern gelungen, eine Vielzahl von Informationen zu sammeln. Ein Spezialist für die Geschichte des Pazifiks bemerkt: „Nach 1800 haben die Seefahrer eine solide wissenschaftliche Grundlage, bewährte Instrumente und Methoden sowie Karten, die mit jeder neuen Expedition vielfältiger und genauer werden. Jede Expedition führt eine sorgfältig ausgewählte Reisebibliothek und Seekarten mit, die dann vor Ort korrigiert werden."

An den Reiseberichten läßt sich der Fortschritt der Wissenschaft ablesen. Zwischen 1815 und 1850 veröffentlichen allein die Franzosen 85 Bände mit Erkenntnissen aus den Bereichen der Physik und anderer Naturwissenschaften, von denen wiederum 42 von den Reisen Dumont d'Urvilles stammen. Dazu kommen dann noch die verschiedenen Atlanten: Die Russen publizieren im gleichen Zeitraum 17 Werke über ihre Entdeckungen, die Engländer 13, die Amerikaner 9. Diese Veröffentlichungen sind ein gelungenes Beispiel einer internationalen Kooperation. Dank der Bemühungen aller Seeleute und Wissenschaftler besitzen wir heute reiche botanische und zoologische Sammlungen.

Zur gleichen Zeit wie Dumont d'Urville unternehmen mehrere Seeleute wie Otto von Kotzebue und Fabian von Bellingshausen, die unter russischer Flagge segeln, Forschungsfahrten in den äußersten Norden und den tiefsten Süden des Pazifiks.

Mit ihrem Engagement haben die Kapitäne der Entdeckungsreisen einen wesentlichen Beitrag zur Kenntnis der Welt und ihrer Bewohner geleistet.

An all diesen Expeditionen sind Wissenschaftler beteiligt gewesen, auch wenn die Fahrten oft anderen Zwecken dienten. Damit haben sie langzeitige Folgen, denn ohne die Ergebnisse der Wissenschaftler wären viele spätere Theorien wie z. B. die Evolutionslehre Charles Darwins nicht ohne weiteres möglich gewesen.

In geduldiger Arbeit haben die Naturwissenschaftler Material gesammelt und Beobachtungen niedergeschrieben. So sind nicht nur der pazifische Raum und seine Bewohner nach und nach entdeckt und studiert worden, sondern auch die tierische und pflanzliche Natur. Zeichnungen von Pflanzen und Tieren wurden an Ort und Stelle angefertigt; kleinere Exemplare wurden konserviert oder getrocknet und mit nach Europa zurückgebracht, wo sie neben Staunen und Bewunderung auch wissenschaftliche Neugier weckten. Die Portraits und die Beschreibungen von den Bewohnern des südpazifischen Raumes sind bis heute wichtige Indizien für Völkerkundler und andere Kulturwissenschaftler.

Das Abenteuer, das das langsame Entdecken des größten Ozeans der Welt darstellte, ist eine der wichtigsten und fruchtbarsten Epochen der Neuzeit. Daß dadurch auch große Probleme entstanden, daß die westliche Zivilisation den Insulanern der Südsee ihren Stempel aufdrückte und blühende Kulturen vernichtete, darf darüber allerdings nicht vergessen werden.

Die Expedition der „Beagle" (1831–1836) ermöglicht Charles Darwin, seine Theorie über die Evolution der Arten zu beweisen. Der Amerikaner Charles Wilkes bestimmt auf seiner Fahrt (1838–1840) die Form des antarktischen Kontinents.

ZEUGNISSE UND DOKUMENTE

Die Geographie der Südsee

Gemeinhin löst der Begriff Südsee bei uns die Vorstellung von weißen Stränden, Palmen, blauem Meer und viel Sonne aus. Doch man macht sich kaum ein Bild davon, welche Entfernungen zwischen den einzelnen Inseln liegen, unter welchen Bedingungen die Menschen leben, wovon sie leben und welchen Problemen sich die dortigen Staatssysteme gegenübersehen.

Südsee oder Südpazifik?

Schon der Entdecker gab ihr den heute noch gebräuchlichen Namen: „Südsee" nannte Vasco de Balboa die ungeheuren Wassermassen, die er als erster Europäer 1513 zu Gesicht bekam. Er hatte den Isthmus von Panama überquert und das „Große Wasser" gefunden, von dem die einheimischen Bewohner ihm berichtet hatten auf seiner Suche nach dem sagenhaften Goldland, das er jenseits dieses in Europa noch unbekannten Meeres vermutete.

„Südsee" allerdings beschreibt heute nicht nur eine Region, sondern auch den Traum von blauem Meer, grünen Palmen und weißem Strand unter ewiger Sonne. Vor allem die Werbung der Tourismusindustrie und die sich häufenden romantisierenden Reisebücher nutzen den schon seit 200 Jahren ungebrochenen Südsee-Traum.

Die zweite Bezeichnung erfand Magellan, der das an Orkanen reiche Meer auf einer sturmlosen 100-Tage-Fahrt (1520/21) überquerte und es deshalb „Pazifik", also „Stiller Ozean", nannte.

Europäische Gelehrte sprachen bald von „Ozeanien", wenn sie diese Weltgegend meinten; populär wurde das größte aller Meere – es umfaßt 32% der Erdoberfläche – auch schlichtweg als der „Große Ozean". Ein Begriff, den 1752 der französische Geograph Philippe Buache einführte.

Als „Ozeanien" grenzt die Fachwelt bis heute das Gebiet zwischen dem asiatischen Festland und Amerika ein. Wozu dann auch zum Beispiel die Staatsgebiete von Indonesien und den Philippinen zählen, die kulturell eher zu Asien gehören.

In den letzten Jahrzehnten hat sich in Politik und Wirtschaft die Bezeichnung „Südpazifik“ eingebürgert, zu dem sich inzwischen alle unabhängigen und nicht selbständigen Gebiete rechnen, (... die) zwischen den Philippinen und Indonesien auf der einen und dem amerikanischen Festland auf der anderen Seite (liegen). Australien als eigener Kontinent zählt nicht dazu. Der politisch zu Indonesien gehörende Westteil der Insel Neuguinea allerdings muß ethnisch und geographisch der Südsee zugeordnet werden.

Auch die Bezeichnungen innerhalb der Südsee stammen großenteils aus Entdeckertagen. Gelehrte und Forschungsreisende erarbeiteten aus den sich häufenden Angaben der Seefahrer die auch heute noch verwendbare Einteilung der Südsee in Mikronesien und Polynesien. Der Franzose Charles de Brosses hatte 1767 in seiner „Vollständigen Geschichte der Schiffahrten nach den großtenteils unbekannten Südländern“ das bis um die Mitte des 18. Jahrhunderts Bekannte zusammengefaßt.

Interessant am Werk de Brosses' ist die schon erfolgte Dreiteilung der Südsee, von der sich allerdings nur die Bezeichnung für „Polynesien“ – viele Inseln – durchgesetzt hat. Für „Australasien“ dagegen greift Dumont d'Urville (1832) den Vorschlag eines anderen Kollegen – M. Bory de Saint-Vincent – auf und nennt es „Melanesien“. Für „Mikronesien“ übernimmt er de Rienzis Bezeichnung, erweitert es allerdings um einige Inselgruppen (...).

Palmen und Meer bestimmen unsere Vorstellungen von der Südsee.

Seitdem nennt man die Gebiete im Dreieck zwischen Hawaii, Neuseeland und der Osterinsel Polynesien; der Insel-Bogen von Neuguinea bis Neukaledonien heißt Melanesien – „Schwarze Inseln“; als Mikronesien – „Kleine Inseln“ – bezeichnet man die Inselgruppen der Marianen, Karolinen, die Marshall-Inseln, Gilbert-Inseln und Nauru. Mit diesen drei zunächst mehr vom äußeren Eindruck her bestimmten, aber auch aufgrund geographischer und ethnographischer Übereinstimmungen aus dem Griechischen gebildeten Begriffen versuchte man, auch heute noch wissenschaftlich haltbare geographische und kulturelle Zusammenhänge aufzuzeigen.

Ein bißchen Geographie

Die gesamte Landfläche von 1 Mio. qkm ist auf die einzelnen Gebiete recht unterschiedlich verteilt. So hat allein Neuguinea als die zweitgrößte Insel der Welt 772000 qkm und ist damit etwa dreimal so groß wie die Bundesrepublik. Eine ganze Reihe anderer größerer Inseln findet sich in der Umgebung von Neuguinea im melanesischen Inselbogen bis ins südlich gelegene Neukaledonien und hält damit fast 95 % der gesamten Landfläche. Im Gegensatz dazu bringen beispielsweise alle Inseln Mikronesiens weniger Quadratkilometer zusammen als die beiden größeren Inseln des Staates Westsamoa. Selbst auf Pazifik-Karten sehen die meisten Inselgruppen der Südsee wie kleine Punkte aus – verstreut in einem Meeresgebiet von 70 Mio. qkm.

Entsprechend groß sind die Entfernungen. Allerdings nicht nur von einer Inselgruppe zur nächsten, sondern auch innerhalb der heutigen Staatsgebiete. So sind die 33 Inseln des Staates Kiribati mit insgesamt 719 qkm Land – etwas weniger als der Stadtstaat Hamburg mit 753 qkm – auf eine 5 Mio. qkm große Wasserfläche verteilt. Das zentral gelegene Fidschi hat für seine 320 Inseln mit insgesamt 18376 qkm Land etwa 700000 qkm Wasserfläche zur Verfügung. Vor allem für Wirtschaft und Verkehr sind diese Entfernungen von immenser Bedeutung und stellen die Kleinstaaten finanziell vor schier unlösbare Probleme.

Betrachtet man die „Land“-Karte der Südsee, so fällt auf, daß nördlich und östlich von Neuguinea die Inseln immer kleiner und seltener werden. Geologisch teilt man – stark vereinfacht – die Landflächen nach den Gesteinsarten in kontinentale – wie sie auch beim Aufbau der Kontinente vorkommen – und ozeanische Gebiete. Man kann dabei mit Hilfe der sogenannten Andesitlinie entlang der Tiefseegräben das erdgeschichtlich ältere Basaltgestein von dem jüngeren Andesit trennen. Diese Teilung führt östlich von Neuseeland, Tonga und Fidschi im Bogen an Melanesien vorbei bis zum Osten von Palau und den Marianen Mikronesiens und dann weiter nach Norden. Alles westlich dieser Linie zählt zu den kontinentalen, alles östlich davon zu den ozeanischen Inseln. Mit dem unterschiedlichen Inselaufbau hat auch die Linie aktiver Vulkane zu tun, die auf der kontinentalen Seite von Neuseeland zu den melanesischen Inseln führt. In der östlichen Südsee findet sich nur noch auf Hawaii aktiver Vulkanismus.

Abbaufähige Bodenschätze gibt es nur auf den kontinentalen Inseln. Da findet man auf Neukaledonien Nickel, auf Fidschi Gold oder auf Neuguinea und den Salomonen Kupfer. Die ozeanischen Inseln haben zwar alle einen vulkanisch aufgebauten Kern, der jedoch unterschiedlich stark abgetragen oder unter die Meeresoberfläche gesunken sein kann. Da gibt es „hohe Inseln“, „Atolle“ und sogenannte „gehobene Koralleninseln“. Die ebenfalls vorkommenden Zwischenformen können hier unberücksichtigt bleiben.

Alles Inseln

Auf den *hohen Inseln* sind die Vulkanberge mehr oder weniger noch auszumachen, die mit ihren Tälern und Küstenebenen üppigen tropischen Pflanzenwuchs aufweisen. Ihre landschaftliche Schönheit – vor allem in Polynesien – hat schon die Entdecker zu begeisterten Schilderungen hingerissen und ist heute Hauptattraktion für den Tourismus. Begrünte Bergrücken und romantische Wasserfälle machen neben den Tropenpflanzen Eindruck auf Reisende aus gemäßigten Klimazonen. Viele dieser Inseln sind von Riffbildungen gesäumt, nur die Fluß- und Bachmündungen bilden natürliche Durchfahrten. Das liegt daran, daß die mit ihren Kalkabscheidungen als Bauherren tätigen Korallentierchen nur Salzwasser vertragen. Gleichzeitig sind sie auch von einer bestimmten Wassertemperatur (23° bis 25°C) und maximalen Tiefe (bis 30 m) abhängig. Auch Meeresströmungen – wie beispielsweise um die Marquesas-Inseln – stören die Riffbildung.

Um die Erforschung der *Atolle* hat sich vor allem Charles Darwin verdient gemacht. Er hatte in den 30er Jahren des vorigen Jahrhunderts den Pazifik bereist und veröffentlichte 1842 seine Arbeit über Korallenriffe, in der er die bis heute unwidersprochene Theorie der Atoll-Entstehung darlegt. Danach sind Atolle nichts anderes als ehemalige Riffe um Vulkaninseln, die nach Hebung des Meeresspiegels unter die Wasseroberfläche abgesunken sind. Dies ereignete sich in einem Zeitraum von Jahrmillionen und so langsam, daß die in Kolonien lebenden Blumentierchen genügend Zeit hatten, ihre Riffe – am allmählich versinkenden Landsockel verankert – zum lebenspendenden Licht hin weiter nach oben zu bauen.

Ein Atoll besteht aus mehreren Inseln auf einem Korallenriff, die – im Idealfall – ringförmig eine Lagune umschließen. Sie erheben sich nur wenige Meter über den Meeresspiegel. Im Laufe der Jahrmillionen bildete sich auf dem Korallenkalk eine Erdschicht, die je nach Beschaffenheit eine anspruchslose Vegetation nährt.

Das Wort „Atoll" hatte Darwin von dem auf den Malediven gebräuchlichen Begriff für diese Formation von Laguneninseln übernommen. Nach Europa war die Bezeichnung durch Pyrard de Laval gekommen, der als Schiffbrüchiger fünf Jahre auf den Malediven zugebracht hatte und in seiner 1679 veröffentlichten Reisebeschreibung von den „Atollen" berichtete.

Reich an derartigen Koralleninseln ist Mikronesien, das mit Kwajalein in der Marshall-Gruppe auch das Atoll mit der größten Lagune der Erde bietet. (...)

Schließlich gibt es – nicht sehr häufig – unter den ozeanischen Inseln noch eine dritte Art, die bereits genannten *gehobenen Koralleninseln.* Das sind über den Meeresspiegel gehobene Korallenaufbauten, deren Bewuchs noch weniger artenreich ist als der von Atollinseln. Einige dieser niedrigen Inseln wurden durch den seit Jahrmillionen dort abgelagerten Vogelmist bekannt, der als Phosphat oder Guano abgebaut wird. (...)

Clara B. Wilpert:
„Südsee: Inseln, Völker und Kulturen"

Erste Berichte aus der Südsee

Die Berichte der Entdecker der Südsee enthüllen deren Motive für die Expeditionen, die sich mit der Zeit deutlich wandeln. Fährt man anfangs aus rein ökonomischen Gründen und missionarischem Eifer, kommen mit der Aufklärung auch bald die Suche nach dem „edlen Wilden" Rousseaus, der noch in völliger Harmonie mit der Natur lebt, d. h. die Suche nach dem „ursprünglichen", von der Zivilisation freien Zustand des Menschen, oder aber die reine Entdeckerfreude und Abenteuerlust hinzu.

Der Reisebericht Antonio Pigafettas (ca. 1480/91–1530), der den portugiesischen Seefahrer Fernão de Magalhães (d. i. Magellan) auf der ersten Weltumsegelung 1519–1521 begleitete, ist der einzige Bericht, der uns über das Unternehmen vorliegt.

In dem 1536 erschienenen Werk wird deutlich, daß Magalhães vor allem die ökonomischen Interessen seines Auftraggebers, des spanischen Kaisers Karl V., verfolgen und außerdem den Bewohnern des südpazifischen Raumes das Christentum nahebringen sollte.

Empfang beim König

Der König (von Zubu) empfing uns, umgeben von einem großen Hofstaat, in seinem Palast. Er saß auf einer Decke aus Palmblättern, die auf der Erde ausgebreitet lag. Er war, von einem baumwollenen Tuch abgesehen, das seine Hüften bedeckte, völlig nackt. Ein gestickter Schleier hing von seinem Kopf herunter, von seinen Ohren baumelten zwei große goldene, mit wertvollen Steinen verzierte Ringe herab. Seinen Hals zierte eine kostbare Kette. Er war klein, sehr dick und am ganzen Körper tätowiert.

Auf einer anderen Decke, die gleichfalls auf der Erde ausgebreitet lag, befanden sich in Porzellanschalen Schildkröteneier, vier mit Palmwein gefüllte Krüge, die mit wohlriechenden Kräutern bedeckt waren, und ein Schilfrohr, dessen man sich beim Trinken bedient.

Übergabe der Geschenke

Wir begrüßten den König und ließen ihm durch den Dolmetscher sagen, daß der Generalkapitän, unser Herr,

Kolumbus trifft bei seiner Landung auf Haiti auf Eingeborene

ihm für seine Geschenke danke und nun durch uns die Gegengeschenke übersende, die er als Beweise einer aufrichtigen Freundschaft ansehen möge. Alsdann legten wir dem König das Kleid an, setzten ihm die Mütze auf den Kopf und überreichten ihm die anderen Gaben. Ich hob die beiden Pokale, bevor ich sie überreichte, über meinen Kopf und küßte sie sodann. Der König tat dasselbe.

Er forderte uns auf, von den Eiern zu essen und Wein zu trinken. Während wir aßen und tranken, berichteten die anderen, die uns auf dem Schiff besucht hatten, von den Vorschlägen des Generalkapitäns und den Vorteilen, welche die Annahme unserer Religion versprach. Der König hörte aufmerksam zu und lud uns ein, auch das Abendessen gemeinsam mit ihm einzunehmen. Wir dankten ihm dafür, hielten es aber doch für besser, auf unser Schiff zurückzukehren.

Musik

Bevor wir die Insel verließen, mußten wir noch dem Schwiegersohn des Königs einen Besuch abstatten. Er führte uns in ein Haus, wo vier Madchen auf uns warteten, die nach Landessitte Musik machten. Das eine Mädchen schlug eine am Boden stehende Trommel, ein anderes hatte eine mit Palmrinde besetzte kleine Keule in der Hand, mit welcher es zwei Pauken schlug. Das dritte bearbeitete eine große Pauke, das vierte zwei dreieckige Scheiben, die wenn sie gegeneinandergeschlagen wurden, einen angenehmen Ton von sich gaben. Alle hielten sie den Takt so genau, daß wir ihnen eine große Kenntnis der Musik nicht absprechen konnten. (...)

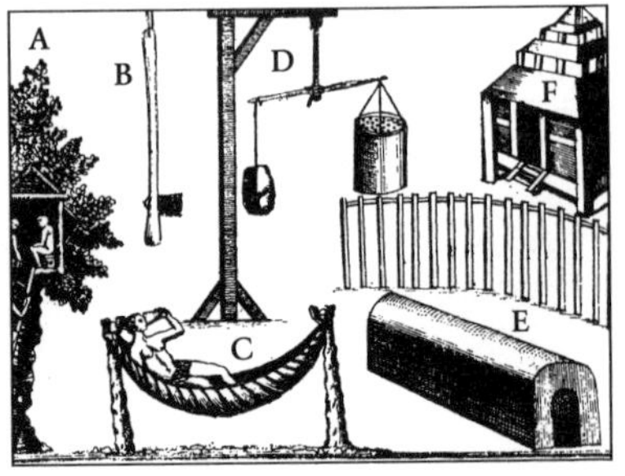

Behausungen und Gerätschaften der Eingeborenen: Häuser (A, E, F), Beil (B), Hängematte (C), Waage (D).

Tanz

Diese Mädchen waren sehr schön und fast so weiß wie Europäerinnen. Obwohl sie vollkommen erwachsen waren, gingen zwei von ihnen vollkommen nackt, während die beiden anderen von den Hüften bis zu den Knien mit einem Stück Baumrinde bedeckt waren. In ihren Ohren, die sehr stark durchlöchert waren, baumelten große Ringe aus Holz. Sie hatten lange schwarze Haare und trugen kleine Schleier auf dem Kopf. Der Prinz ließ drei von ihnen tanzen, die vierte machte die Musik dazu. Nachdem wir nochmals einen Krug Wein geleert hatten, kehrten wir auf unser Schiff zurück.

(10. April) Waagen

An diesem Tage hatten wir auch einen Großteil unserer Tauschwaren an Land geschafft und in einem Haus untergebracht, das der König in seinen besonderen Schutz nahm. Vier Männer wurden dazu bestimmt, den Handel zu eröffnen.

Dieses Volk, das Ehrlichkeit sehr schätzt, kennt Gewichte und Maße. Die Waagen bestehen aus einem hölzernen Stab, der an einer Schnur befestigt ist und von dieser gehalten wird. An einem Ende hängt an drei Schnüren die Waagschale, am anderen ein Gegengewicht aus Blei. Hier werden die Gewichte angehängt, während auf die Schale die Waren gelegt werden, deren Gewicht bestimmt werden soll. Auch Längen- und Inhaltsmaße sind auf der Insel Zubu zu sehen. (...)

13. April

Der Generalkapitän hatte nicht vergessen, daß ihm der König von Zubu versprochen hatte, die christliche Religion anzunehmen. Als Tag für die Zeremonie wurde ein Sonntag, und zwar der 14. April, festgesetzt.

Irdische Vorteile durch den Übertritt zum Christentum

Nun teilte der Generalkapitän dem König mit, daß er neben anderen Vorteilen, in deren Genuß er käme, auch seine Feinde leichter besiegen werde, wenn er das Christentum annehme. Der König gab zur Antwort, daß er nicht deshalb Christ werden wolle, es aber doch begrüßen würde, wenn er sich bei einigen Häuptlingen der Insel Ansehen verschaffen könnte, die ihm nicht gehorchten und meinten, nicht weniger als er zu sein.

Sofort ließ der Generalkapitän diese Häuptlinge herbeirufen. Er ließ ihnen durch den Dolmetscher sagen, daß er sie vernichten und ihre Güter einziehen werde, wenn sie dem König von Zubu weiter den Gehorsam verweigerten. Diese Drohung verfehlte ihre Wirkung nicht. Die Häuptlinge gelobten, den König als ihr Oberhaupt anzuerkennen.

Magaglianes (= Magellan) versprach nun, nach seiner Rückkehr nach Spanien mit einer viel größeren Streitmacht wiederzukehren und den König von Zubu zum mächtigsten König aller dieser Inseln zu machen, als Belohnung dafür, daß sich der König von Zubu als erster dazu entschlossen habe, die christliche Religion anzunehmen. Der König dankte dafür, indem er die gefalteten Hände zum Himmel hob, und bat den Generalkapitän inständig, er möge mehrere Männer auf Zubu zurücklassen, die imstande wären, ihn in die Geheimnisse und Pflichten der christlichen Religion einzuweihen. Dies versprach Magaglianes unter der Bedingung, daß ihm zwei Söhne aus vornehmer Familie anvertraut würden. Diese wolle er mit nach Spanien nehmen, damit sie dort die spanische Sprache erlernten und nach ihrer Rückkehr alles zu beschreiben vermöchten, was sie im mächtigsten Land der Erde gesehen hätten. (...)

Guter Wille der Insulaner

In der Mitte des Platzes wurde nun ein großes hölzernes Kreuz aufgerichtet, und dann wurde bekanntgemacht, daß jeder, der sich dazu entschlossen habe, die christliche Religion anzunehmen, alle seine Götzenbilder vernichten müsse und dafür zu sorgen habe, daß in seiner Behausung anstelle der Götzenbilder ein Kreuz zu finden sei. Dieses Symbol müsse jeden Tag angebetet werden, jeder Eingeborene müsse sich morgens nüchtern vor ihm auf die Knie werfen und ein Gebet sprechen, das Magaglianes sie lehren werde. Außerdem werde es ihre Pflicht sein, ihren Glauben an Christus durch gute Werke zu bestätigen. Alle Eingeborenen versprachen, sich an diese Weisungen zu halten. (...) Eine feierliche Messe folgte der Zeremonie. (...)

Acht Tage brauchten wir, bis wir alle Bewohner Zubus und der benachbarten Inseln getauft hatten. Auf einer dieser Inseln befand sich ein Dorf, dessen Bewohner sich weigerten, dem König und uns zu gehorchen. Wir brannten dieses Dorf nieder und errichteten auf dem öffentlichen Platz ein Kreuz, zum Zeichen, daß die Bewohner Heiden waren. Wären sie Mauren gewesen, würden wir eine Säule aus Stein errichtet haben, um die Härte ihrer Herzen zu bezeichnen. Denn die Mauren sind viel schwerer zu bekehren als die Heiden.

Neue Christen

Der Generalkapitän begab sich tagtäglich an Land, um die Messe zu hören. Stets fanden sich hierzu neue Christen ein. Magaglianes entwarf für sie einen Katechismus und erklärte ihnen die Lehren unserer Religion. (...)

Unterwerfung

Es war die Absicht des Generalkapitäns, dem christlichen König mehr Ansehen und Macht zu verschaffen. Deshalb befahl er ihm, in einem Seidenkleid zur Messe zu kommen und seine beiden Brüder mitzubringen. (...) Zugleich wurden mehrere Häuptlinge zu der Messe befohlen.

Nach der Messe befahl ihnen Magaglianes, zu beschwören, daß sie dem König von Zubu immer gehorsam bleiben würden. Das taten sie, indem sie dem christlichen Herrscher die Hand küßten.

Anschließend ließ der Generalkapitän den König von Zubu beschwören, daß er dem König von Spanien immer gehorchen und treu bleiben werde. Nachdem der König diesen Schwur geleistet hatte, zog der Generalkapitän vor dem Muttergottesbild seinen Degen und erklärte dem König, daß man den Tod einem gebrochenen Schwur vorziehen müsse. Dies bekräftigte er beim Bild der Heiligen Jungfrau, beim Leben seines Herrn, des Kaisers, und bei dem heiligen Kleide, das er dem heiligen Jago zu Ehren trug.

Ein Thronsessel für den König

Nach dieser Zeremonie schenkte der Generalkapitän dem König einen Sessel aus rotem Samt. Er forderte ihn auf, nun nie wieder auf der Erde zu sitzen und diesen Sessel immer dorthin tragen zu lassen, wohin er sich begebe.

Antonio Pigafetta:
„Die erste Reise um die Erde"

Auch Louis-Antoine de Bougainville hat die Erlebnisse während seiner Weltumsegelung der Jahre 1766–1769 aufgezeichnet. Sein Bericht erscheint 1771. Bougainville ist ein Kind der französischen Aufklärung, und sein Reisebericht liest sich wie ein Zeugnis dieser Geisteshaltung. Er macht nicht nur die Fauna und Flora, sondern auch die Menschen der Südsee zum Objekt seiner Beobachtungen. Der Mythos Tahitis als eines „Garten Edens" geht auf Bougainvilles Schilderung der Insel zurück und wird dann von Cook bestätigt und gefestigt. Schon Bougainville aber muß einen Teil dieses Mythos revidieren, als er erkennt, daß es auch in diesem Paradies keine wirkliche Gleichheit unter den Menschen gibt.

An den König

Sire!
Die Reise, von der ich einen Bericht geben will, ist die erste dieser Art, welche von Franzosen unternommen und von Schiffen Eurer Majestät ausgeführt wurde. (...)

Je näher wir dem Lande kamen, desto zahlreicher umgaben die Einwohner unsere Schiffe. Ihre Anzahl war so groß, daß wir viele Mühe hatten, unsere Schiffe inmitten der Menschenmenge und des Lärms zu befestigen. Alle schrien: „Tayo", welches soviel heißt wie „Freund", und gaben uns auf alle Arten ihre Freundschaft zu erkennen. Alle verlangten Nägel und Ohrringe. In den Pirogen fanden sich viele Weiber, die den Europäerinnen in Ansehung ihres schönen Wuchses den Vorzug streitig machen konnten und die auch sonst nicht häßlich waren. Die meisten dieser

Bougainville pflanzt die französische Flagge auf einem Felsen in der Magellanstraße auf.

Nymphen waren nackend, weil die Männer und alten Weiber, die sich bei ihnen befanden, ihnen ihren Schurz, den sie gemeiniglich tragen, weggenommen hatten, sie machten allerlei freundliche Mienen gegen uns, beobachteten aber doch bei aller Naivität eine gewisse Art von Schamhaftigkeit; sei es, daß die Natur dem anderen Geschlecht allenthalben eine gewisse Scheu eingeprägt hat, sei es, daß sogar in einem Land, wo noch die Freiheit des Goldenen Zeitalters herrschte, die Frauen das zu verhehlen wissen, was sie am meisten wünschen. Die Männer handelten freier und offener; sie suchten uns zu bewegen, eine Frau zu wählen, mit ihr an Land zu gehen, und sie gaben uns zu verstehen, auf welche Art wir uns mit ihr beschäftigen sollten. Man kann sich vorstellen, wie schwer es angesichts eines solchen Schauspiels hielt, 400 junge französische Seeleute, die 6 Monate lang keine Frauensperson mehr gesehen hatten, zu bändigen. Aller Vorsicht ungeachtet kam ein junges Mädchen auf das hintere Verdeck und stellte sich an eine der Luken über dem Gangspill. Diese Luke stand offen, damit die Leute am Spill frische Luft bekamen. Sie ließ ungeniert ihre Bedeckung fallen und stand vor den Augen aller da wie Venus, als sie sich dem phrygischen Hirten zeigte. Sie hatte einen göttlichen Körper. Matrosen und Soldaten drängten sich zu der Luke, und vielleicht ist niemals so fleißig an einem Spill gearbeitet worden. (...)

Der Alte war der Vater unseres Gastgebers. Er hatte nichts vom Alter als das ehrwürdige Aussehen, welches die Jahre einem wohlgebildeten Menschen geben, einen langen Bart und weiße Haare; sein Leib war gut proportioniert und muskulös, man sah weder Runzeln noch irgendwelche Anzeichen der Altersschwäche an ihm. Dieser ehrwürdige Mann schien unsere Ankunft kaum zu bemerken, er zog sich zurück, ohne auf unsere Bewillkommnung zu achten, ohne weder Furcht noch Bewunderung, noch Neugierde zu bezeigen. Er nahm an dem Erstaunen der anderen über uns keinen Anteil; seine gedankenvolle und ernste Miene schien gleichsam eine Furcht anzudeuten, daß die glücklichen Tage, welche er so ruhig zugebracht, durch die Ankunft der Fremdlinge gestört werden möchten. (...)

Ich bin mehrmals in Gesellschaft von 1 oder 2 Männern tiefer in das

Land hineingegangen; es schien mir der Garten Eden zu sein. Man sah die schönsten Wiesen, mit den herrlichsten Fruchtbäumen besetzt und von kleinen Flüssen durchschnitten, welche allenthalben eine köstliche Frische verbreiteten, ohne die Unannehmlichkeiten, welche die Feuchtigkeit sonst mit sich bringt. Ein recht großes Volk genießt hier die Schätze, welche die Natur ihm in so reichem Maße austeilt. Wir fanden Gruppen von Weibern und Männern im Schatten der Fruchtbäume sitzen, welche uns freundschaftlich grüßten; die uns begegneten, traten auf die Seite, um uns Platz zu machen. Allenthalben herrschten Gastfreiheit, Ruhe, sanfte Freude, und dem Anschein nach waren die Einwohner sehr glücklich.

Ich habe oben gesagt, daß die Einwohner von Tahiti in einem beneidenswerten Zustand zu leben scheinen. Wir glaubten anfangs, daß eine Gleichheit der Stände unter ihnen herrsche und daß sie vermöge ihrer Freiheit nur gewissen allgemeinen Gesetzen unterworfen seien, die auf das Beste des Ganzen abzielten. Ich hatte mich getäuscht; der Unterschied der Stände ist merklich und für die Niedrigen sehr empfindlich. Die Könige und Vornehmen haben über das Leben ihrer Sklaven und Knechte völlige Gewalt. Ich vermute sogar, daß sie dasselbe Recht auch über den Mann des Volkes haben, den sie tataeinu nennen, das heißt: gemeiner Mensch; wenigstens ist es gewiß, daß man zu den Menschenopfern allezeit welche aus dieser unglücklichen Klasse nimmt. Fleisch und Fisch sind nur eine Speise der Vornehmen, die übrigen müssen sich mit Hülsenfrüchten und Obst behelfen. Der Unterschied der Stände äußert sich sogar in der Beleuchtung bei der Nacht: Der gemeine Mann brennt zu diesem Zweck eine andere Art Holz als die Vornehmen. Die Könige allein haben das Recht, vor ihr Haus den Baum zu setzen, welchen wir die Trauerweide oder den Baum des Herrn nennen. Wenn man ihre Zweige biegt und sie in die Erde steckt, kann man ihrem Schatten die Richtung und Ausdehnung geben, die man wünscht. In Tahiti dient sie den Königen zum Speisesaal.

Louis-Antoine de Bougainville:
„Reise um die Welt"

Als Georg Forster Kapitän James Cook auf seiner zweiten Reise (1772–1775) begleitet, ist er erst 18 Jahre alt. Er ist ein eher zurückhaltender Chronist, einzig den Idealen der Aufklärung verpflichtet. In seiner völkerkundlichen Betrachtung der Welt bezieht er auch die eigene Gesellschaft mit ein. Vor allem ist er sich stets klar über die Relativität völkerkundlicher Beobachtungen, die von der Erziehung, der Ausbildung und dem Denken eines Menschen geprägt werden.

Zween Ungenannte haben schon *etwas* von unsrer Reise geschrieben; allein in diesem erleuchteten Jahrhundert glaubt man keine Mährchen mehr, die nach der romantischen Einbildungskraft unsrer Vorfahren schmecken. Die Begebenheiten unsrer Reise sind so mannigfaltig und wichtig, daß sie keines erdichteten Zusatzes bedürfen. Unsre Seefahrt war wechselsweise reich und arm an Vorfällen; doch wie der fleißige Landmann selbst das unfruchtbarste Feld zu nutzen weiß, so kann auch die ödeste Wildniß einem forschenden Geiste Veranlassung zum Unterricht geben. (...)

Die Philosophen dieses Jahrhunderts, denen die anscheinenden Widersprüche verschiedner Reisenden sehr misfielen, wählten sich gewisse Schriftsteller, welche sie den übrigen vorzogen, ihnen allen Glauben beymaßen, hingegen alle andre für fabelhaft ansahen. Ohne hinreichende Kenntniß warfen sie sich zu Richtern auf, nahmen gewisse Sätze für wahr an, (die sie noch dazu nach eignem Gutdünken verstellten,) und bauten sich auf diese Art Systeme, die von fern ins Auge fallen, aber, bey näherer Untersuchung, uns wie ein Traum mit falschen Erscheinungen betrügen. Endlich wurden es die Gelehrten müde, durch Declamation und sophistische Gründe hingerissen zu werden, und verlangten überlaut, daß man doch nur Thatsachen sammlen sollte. Ihr Wunsch ward erfüllt; in allen Welttheilen trieb man Thatsachen auf, und bey dem Allem stand es um ihre Wissenschaft nichts besser. Sie bekamen einen vermischten Haufen loser einzelner Glieder, woraus sich durch keine Kunst ein Ganzes hervorbringen ließ; und indem sie bis zum Unsinn nach *Factis* jagten, verlohren sie jedes andre Augenmerk, und wurden unfähig, auch nur einen einzigen Satz zu bestimmen und zu abstrahiren; so wie jene Mikrologen, die ihr ganzes Leben auf die Anatomie einer Mücke verwenden, aus der sich doch für Menschen und Vieh nicht die geringste Folge ziehen läßt.

Mann aus Neuseeland.

Außerdem haben selten zween Reisende einerley Gegenstand auf gleiche Weise gesehen, sondern jeder gab, nach Maßgabe seiner Empfindung und Denkungsart, eine besondere Nachricht davon. Man mußte also erst mit dem Beobachter bekannt seyn, ehe man von seinen Bemerkungen Gebrauch machen konnte. Ein Reisender, der nach meinem Begriff alle Erwartungen erfüllen wollte, müßte Rechtschaffenheit genug haben, einzelne Gegenstände richtig und in ihrem wahren Lichte zu beobachten, aber auch Scharfsinn genug, dieselben zu verbinden, allgemeine Folgerungen daraus zu ziehen, um dadurch sich und seinen Lesern den Weg zu neuen Entdeckungen und künftigen Untersuchungen zu bahnen.

Mit solchen Begriffen gieng ich zur letzten Reise um die Welt zu Schiffe, und sammlete, so viel es Zeit,

Umstände und Kräfte gestatten wollten, den Stoff zu gegenwärtigem Werke. Ich habe mich immer bemühet, die Ideen zu verbinden, welche durch verschiedne Vorfälle veranlaßt wurden. Meine Absicht dabey war, die Natur des Menschen so viel möglich in mehreres Licht zu setzen und den Geist auf den Standpunkt zu erheben, aus welchem er einer ausgebreitetern Aussicht genießt, und die Wege der Vorsehung zu bewundern im Stande ist. Nun kommt es freylich darauf an, wie fern mir dieser Versuch gelungen sey oder nicht; doch habe ich das Zutrauen, man werde meine gute Absicht nicht verkennen. Zuweilen folgte ich dem Herzen und ließ meine Empfindungen reden; denn da ich von menschlichen Schwachheiten nicht frey bin, so mußten meine Leser doch wissen, wie das Glas gefärbt ist, durch welches ich gesehen habe. Wenigstens bin ich mir bewußt, daß es nicht finster und trübe vor meinen Augen gewesen ist. Alle Völker der Erde haben gleiche Ansprüche auf meinen guten Willen. So zu denken war ich immer gewohnt. Zugleich war ich mir bewußt, daß ich verschiedne Rechte mit jedem einzelnen Menschen gemein habe; und also sind meine Bemerkungen mit beständiger Rücksicht aufs allgemeine Beste gemacht worden, und mein Lob und mein Tadel sind unabhängig von National-Vorurtheilen, wie sie auch Namen haben mögen. Nicht nur die Mannigfaltigkeit der Gegenstände, sondern auch die Reinheit und Anmuth des Styls bestimmen unser Urtheil und unser Vergnügen über Werke der Litteratur; und wahrlich, man müßte allem Anspruch auf Geschmack und Empfindung entsagen, wenn man nicht eine fließende Erzählung einer lahmen und langweiligen vorziehen wollte. Allein seit einiger Zeit ist die Achtung für einen zierlichen Styl so übertrieben und so sehr gemißbraucht worden, daß sich einige Schriftsteller lediglich auf die Leichtigkeit und Flüßigkeit ihrer Sprache verlassen, und um die Sache, welche sie vortragen wollten, gar nicht bekümmert haben, wobey denn am Ende das Publikum mit trocknen seichten Werklein ohne (...) Geist und Unterricht betrogen wurde. Solche Herrn mögen sich vielleicht den Beyfall einiger Virtuosen erwerben.

Georg Forster:
„Reise um die Welt"

Das Zeitalter der Aufklärung

Im Zeitalter der Aufklärung sind die „Journale" der ersten Reisenden Anlaß für philosophische Abhandlungen, die sich ihrerseits auf die Art der Reiseberichterstattung auswirken. Das Bild des „edlen Wilden" erfährt in einer Zeit, die von neuen naturwissenschaftlichen Erkenntnissen geprägt ist, eine differenziertere Betrachtung. Im Mittelpunkt steht die Frage nach der Entwicklung der menschlichen Gesellschaft.

Eine wichtige Stellung in der Auseinandersetzung um den „edlen Wilden" nimmt Jean-Jacques Rousseau (1712–1778) ein. Sein „Naturmensch", der unten beschrieben wird, ist aber nicht der beobachtbare „Wilde" aus den Reisebeschreibungen, sondern entspricht dem damals vorgestellten Urzustand der Menschheit. Rousseau fordert niemals, zu dieser Ursprünglichkeit zurückzukehren; er sieht in diesem Zustand einen Maßstab, an dem alle folgenden Entwicklungsstufen gemessen werden können. Damit wird es möglich, die Zivilisation und bestehende Verhältnisse kritisch zu beleuchten. Die Südseebewohner befinden sich, nach Rousseau, irgendwo in der Mitte zwischen dem Naturzustand und dem gegenwärtigen Entwicklungsstand der europäischen Gesellschaft. Für Rousseau ist diese Zwischenstufe die beste und glücklichste für die Menschheit, da sich in ihr menschliche Fähigkeiten entwickeln, der menschliche Geist aber noch nicht so weit ausgebildet ist, daß eine Kulturgesellschaft entsteht und mit ihr Eigentum, Ungleichheit und übertriebene Selbstsucht.

Der Naturmensch hat keinerlei Begriff von einem Unterschied zwischen Mein und Dein. Er ist an keinen Ort gebunden und lebt in natürlicher Unschuld allein von dem, was er in der Natur zur Erhaltung seiner selbst vorfindet, ohne selbst beispielsweise durch Bodenkultivation unmittelbar verändernd in seine natürliche Umwelt einzugreifen. Die Fruchtbarkeit der Erde enthebt ihn jeder Sorge um

Idealbild Jean-Jacques Rousseaus.

seine Zukunft schlechthin. Der Mensch ist von Natur aus gut, und anstelle der von der menschlichen Vernunft hervorgebrachten und den Gesellschaftszustand kennzeichnenden Gesetze ist sein Handeln frei von Pflichten jeglicher Art und allein von seinem eigenen Willen abhängig.

Die Unmittelbarkeit seines Abhängigkeitsverhältnisses zur Natur bedeutet, daß der Wille des ursprünglichen Menschen sich allein nach zwei Prinzipien richtet: nach dem Selbsterhaltungstrieb einerseits und nach der seinem Wesen innewohnenden natürlichen Güte andererseits. Seine Bedürfnisse sind einfach. Sein Wissen und seine Fähigkeiten sind, den Erfordernissen dieser Lebensverhältnisse entsprechend, bestimmt von den unmittelbaren Naturnotwendigkeiten. Letztere beinhalten, daß der Naturmensch zum Erkennen und Reflektieren größerer Zusammenhänge nicht genötigt, infolgedessen auch dazu nicht befähigt ist. Da er verstreut unter den Tieren des Waldes, also beständig natürlichen Gefahren ausgesetzt, lebt, hängt sein Leben vorrangig von der Ausbildung und Übung seiner physischen Fähigkeiten ab.

Die hervorstechendsten Merkmale des Naturmenschen sind zusammengefaßt Mut, Kraft, Tapferkeit und Gesundheit, Leidenschaftslosigkeit, Bedürfnislosigkeit und Unwissenheit. Eine derartige Beschaffenheit des ursprünglichen Menschen bedeutet im Vergleich mit allen anderen Wesen in der natürlichen Ordnung, daß ersterer sich vom Tier allein durch eine Eigenschaft unterscheidet, nämlich durch seine Willensfreiheit. Ein derart beschriebener Naturmensch

Zeitgenössische Darstellung einer Königin von den Karolinen-Inseln.

weist mithin Eigenschaften auf, die sich durchaus in die die französische Revolution tragenden und von der Aufklärung als Leitgedanken entwickelten Begriffe „Freiheit, Gleichheit und Brüderlichkeit“ kleiden lassen. Danach wären die Menschen im Naturzustand, abgesehen von physisch bedingten Unterschieden, alle untereinander gleich. Es gibt also unter ihnen keinerlei Aufspaltung in Arm und Reich. Die ursprünglichen Menschen sind frei von Eigentum, frei von einer durch Gesetze geregelten Ordnung und damit von jeglicher

Art von vorgeschriebenen Pflichten, frei von Moral und Arbeitszwang und frei von die Erfordernisse der unmittelbaren Selbsterhaltung übersteigenden „künstlichen Bedürfnissen“. Zwar findet sich im Naturzustand nicht das, wofür der Begriff der Brüderlichkeit in der zweiten Hälfte des 18. Jahrhunderts steht. Doch dafür empfindet der natürliche Mensch als fühlendes Wesen Mitleid gegenüber leidenden Artgenossen, ein Gefühl, dem wesentliche Grundlagen des Gesellschaftszustandes wie etwa die Sitten, die Tugend und die Gesetze entspringen.

In diesem Lichte besehen erscheint der Rousseausche Naturmensch als positive Verkörperung eines „ursprünglichen, natürlichen Lebens“, als dessen negatives Gegenstück der aufgeklärte Europäer des 18. Jahrhunderts seine eigenen Lebensverhältnisse zu erkennen beginnt: Ihm wird die Unfreiheit, Ungleichheit und Unbrüderlichkeit seiner Zeit allmählich bewußt. Auf der Suche nach einer für ihn besseren Welt nun findet er die Grundlage für eine konstruktive Kritik an den Verhältnissen seiner Zeit in dem soeben beschriebenen „glücklichen Wilden“ von Jean-Jacques Rousseau.

Allein der Naturzustand, in dem die Reichhaltigkeit der Natur die Befriedigung der natürlichen Bedürfnisse leicht macht und infolgedessen auch keine Notwendigkeit dazu setzt, „künstliche Bedürfnisse“ hervorzubringen, und in dem der unmittelbare Zwang zur Selbsterhaltung den Horizont des ursprünglichen Geistes bestimmt, ist damit ein Zustand, der aus sich heraus keinerlei Triebkräfte zu Veränderungen gebiert. Es gibt keinen Grund für den Menschen, seine Isoliertheit zugunsten einer Gemeinschaftlichkeit aufzugeben. Das Zusammentreffen von Mann und Frau ist rein zufälliger und vorübergehender Art und schafft keine Grundlagen für ein Zusammenleben beider Geschlechter.

Die Vereinzeltheit des Menschen im Naturzustand bedeutet zudem, daß der Mensch keinerlei Sprache hervorgebracht hat, denn auch dazu gibt es für ihn keine Notwendigkeit. Das Fehlen wechselseitiger Beziehungen verunmöglicht deswegen dem Individuum jede Tradierung des im Laufe seines Lebens erworbenen Wissens: Mit dem Tod eines Menschen vergehen zugleich seine Erfahrungen und seine Fertigkeiten. Beides ist und bleibt unter diesen Lebensverhältnissen rein individueller Natur.

Die Gleichförmigkeit eines Lebens, in dem alles derart beschaffen ist, jenes zu erhalten und zu bewahren, ist deshalb gleichbedeutend mit der Geschichtslosigkeit des Menschen im Naturzustand. „Es gab weder Erziehung noch Fortschritt. Mehr und mehr Generationen folgten ungenutzt aufeinander. Da jede von demselben Punkt ausging, verflossen die Jahrhunderte ganz in der Rohheit der ersten Zeiten. Die Gattung war schon gealtert, doch der Mensch blieb noch immer ein Kind.“

Eberhard Berg:
„Zwischen den Welten“

Der französische Philosoph und Schriftsteller François Marie Arouet de Voltaire (1694–1778) war der wichtigste Repräsentant der Aufklärung. Man könnte ihn als Kulturpessimisten bezeichnen, weil er nicht daran glaubt, daß sich der Mensch in jedem Fall zum Guten entwickeln würde. Er setzt sich auf seine eigene, oft ironische Art mit dem „edlen Wilden" Rousseaus auseinander. Für ihn verkörpern die „Wilden" keinesfalls den Idealzustand der Menschheit.

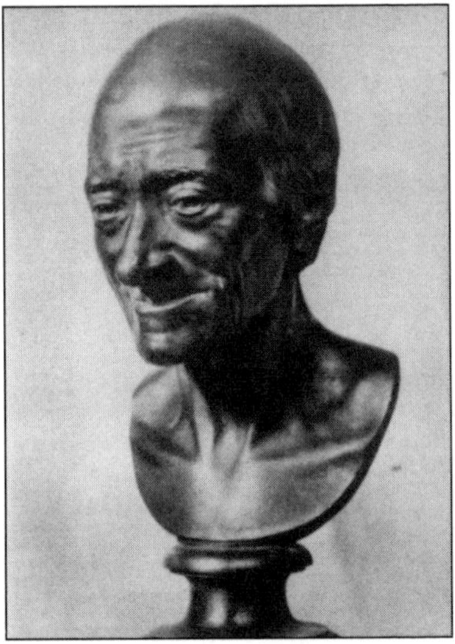

Voltaire.

Herabgestiegen auf diesen kleinen Haufen Dreck, ohne mehr Kenntnis vom Menschen zu haben als der Mensch von den Bewohnern des Mars oder Jupiter, lande ich am Gestade des Ozeans im Kaffernlande und begebe mich sogleich auf die Suche nach einem *Menschen.* Ich sehe Affen, Elefanten, Neger, die alle den Schimmer einer unvollkommenen Vernunft zu besitzen scheinen. Die einen wie die anderen haben die Sprache, die ich nicht verstehe, und alle ihre Handlungen scheinen sich auf ein bestimmtes Ziel zu beziehen. Wenn ich die Dinge aufgrund des ersten Eindrucks beurteilen wollte, den sie auf mich machen, so wäre ich geneigt, zunächst zu glauben, unter allen diesen Wesen sei der Elefant das vernünftigste Lebewesen. Um aber nichts allzu leichthin zu entscheiden, nehme ich mir die Jungen dieser verschiedenen Tiere vor; ich untersuche ein Negerkind von sechs Monaten, einen kleinen Elefanten, einen kleinen Affen, einen kleinen Löwen, einen kleinen Hund: Da sehe ich zweifelsfrei, daß jene jungen Tiere unvergleichlich kräftiger und geschickter sind; daß sie mehr Vorstellungen, mehr Leidenschaften, mehr Gedächtnis besitzen als der kleine Neger; daß sie alle ihre Wünsche viel deutlicher zum Ausdruck bringen; aber nach Ablauf einer bestimmten Zeit hat der kleine Neger so viele Vorstellungen wie sie alle zusammen. Ich bemerke schließlich, daß diese Negerwesen untereinander eine weit besser artikulierte und abwechslungsreichere Sprache haben als die anderen Tiere. Ich habe mir die Zeit genommen, diese Sprache zu lernen, und schließlich, unter Berücksichtigung des kleinen Grades von Überlegenheit, den sie auf die Dauer über die Affen und Elefanten haben, wage ich das Urteil, daß dies in der Tat der *Mensch* sei, und so bin ich selbst zu folgender Definition gekommen: Der Mensch ist ein schwarzes Tier mit Wolle auf dem

Kopf, das auf zwei Pfoten läuft, fast so geschickt wie ein Affe, weniger stark als die anderen Tiere seiner Größe, das mehr Vorstellungen hat als sie und mehr Geschick, sie auszudrücken; im übrigen ist er denselben Notwendigkeiten unterworfen, wird geboren, lebt und stirbt, ganz wie sie auch.

Nach einiger Zeit des Aufenthaltes bei dieser Art komme ich in die Küstengegend von Ostindien. Was ich sehe, überrascht mich: Die Elefanten, Löwen, Affen und Papageien sind nicht ganz die gleichen wie die des Kaffernlandes, aber die Menschen erscheinen völlig verschieden. Sie sind von einem schönen Gelb und haben auch keine Wolle. Ihre Köpfe sind von langen schwarzen Mähnen bedeckt. Über alle Dinge scheinen sie den Negern gänzlich ähnlich entgegengesetzte Vorstellungen zu haben. Ich bin also genötigt, meine Definition zu ändern und die Natur des Menschen sich über zwei Arten erstrecken zu lassen, die gelbe mit der Mähne und die schwarze mit der Wolle.

Aber in Goa, Batavia und Surate, Treffpunkten für alle Nationen, sehe ich eine große Zahl Europäer, die weiß sind und weder Mähnen noch Wolle, sondern sehr feine blonde Haare und einen Bart um das Kinn haben. Man zeigt mir auch viele Amerikaner, die gar keinen Bart haben: so sehe ich meine Definition und meine Menschenarten sehr vermehrt.

In Goa treffe ich eine noch weit bemerkenswertere Art als alle jene: einen Mann, der mit einer langen schwarzen Soutane bekleidet ist und angibt, er sei dazu da, die anderen zu unterrichten. Alle diese verschiedenen Menschen, die Sie hier sehen, sagt er zu mir, stammen alle von demselben Vater ab, und er erzählt mir eine lange Geschichte darüber. Aber diese Geschichte erscheint mir sehr verdächtig. Ich erkundige mich, ob ein Neger und eine Negerin mit schwarzer Wolle und platter Nase gelegentlich weiße Kinder bekommen, die blonde Haare, Adlernase und blaue Augen haben; ob die bartlosen Völker den bärtigen entstammen, ob die weißen Männer und Frauen jemals gelbe Leute hervorbringen. Man antwortet mir mit Nein; daß die Neger, die zum Beispiel nach Deutschland gebracht werden, nur wieder Neger zeugen, so lange wenigstens, wie ihre Art nicht durch die Deutschen geändert wird, und dies gelte auch für alle anderen. Man fügt mir hinzu, daß noch niemals ein auch nur wenig aufgeklärter Mensch behauptet habe, die nicht gemischten Arten degenerierten, daß aber soeben erst der Abbé Dubos diese Torheit in seinem Buch „Réflexions sur la peinture et sur la poésie“ ausgesprochen habe.

Ich habe offensichtlich Grund zu der Annahme, daß es sich mit den Menschen wie mit den Bäumen verhält, daß die Birnbäume, Tannen, Eichen und Aprikosenbäume durchaus nicht von demselben Baum abstammen und daß die bärtigen Weißen, die wollköpfigen Neger, die mähnenhauptigen Gelben und die bartlosen Menschen auch nicht von demselben Menschen abstammen.

François Marie Arouet
de Voltaire:
„Über die verschiedenen Arten von Menschen“

Denis Diderot.

Denis Diderot (1713–1784), der fanzösische Schriftsteller, Philosoph und Enzyklopädist, verfaßte den 1796 posthum erschienen „Nachtrag zu Bougainvilles Reise", der sich durch seine versetzte Perspektive auszeichnet. Hier kommentiert Diderot aus der Sicht eines alten Mannes aus Tahiti das Eindringen der Europäer in die Inselwelt des Pazifiks. Der Bericht des aus europäischer Sicht schreibenden Bougainville erfährt auf diese Weise eine deutliche Relativierung. Mit der Darstellung des „primitiven", aber glücklichen Inselvolkes, dessen Glück hier ja schon deutlich zu bröckeln beginnt, wird das Verhalten der europäischen Gesellschaft zu Hause und in den fremden Ländern in Frage gestellt.

Er war Vater einer großen Familie. Bei der Ankunft der Europäer ließ er verachtungsvolle Blicke auf sie fallen, ohne Erstaunen, Furcht oder Neugierde zu zeigen. Sie näherten sich ihm; er kehrte ihnen den Rücken zu und zog sich in seine Hütte zurück. Sein Schweigen und seine Besorgnis verrieten nur zu deutlich seine Gedanken. Im stillen trauerte er über die entschwundenen schönen Tage seines Landes. Bei der Abfahrt Bougainvilles, als die Bewohner in Massen zum Ufer eilten, sich an seinen Kleidern festhielten, seine Gefährten in die Arme schlossen und weinten, trat dieser Greis mit strenger Miene vor und sagte:

„Weint, unglückliche Tahitianer, weint ruhig; aber weint über die Ankunft und nicht über die Abfahrt dieser ehrgeizigen und bösen Menschen. Eines Tages werdet ihr sie besser erkennen. In der einen Hand das Holzscheit, das ihr am Gürtel des Mannes dort befestigt seht, und in der anderen das Schwert, das an der Hüfte des andern dort hängt, – so werden sie eines Tages wiederkommen, um euch in Ketten zu legen, euch niederzumachen oder euch ihren Ausschweifungen und Lastern zu unterwerfen. Eines Tages werdet ihr unter ihnen dienen, ebenso verdorben, niedrig und unglücklich wie sie. Doch ich habe einen Trost; ich bin am Ende meines Weges und werde das Unheil, das ich euch verkünde, nicht mehr erleben. Ach, Tahitianer, liebe Freunde, ihr hättet wohl ein Mittel, um einer so verhängnisvollen Zukunft zu entgehen; aber ich würde lieber sterben, als es euch anzuraten. Mögen sie sich entfernen und weiterleben!" Dann wandte er sich an Bougainville und fügte hinzu: „Und du, Häuptling jener Räuber, die dir gehorchen, entferne dich mit deinem

Schiffe schnell von unserem Gestade. Wir sind unschuldig, wir sind glücklich, und du kannst unserem Glück nur schaden. Wir folgen dem reinen Trieb der Natur; du aber hast versucht, seine Eigenart in unseren Gemütern auszulöschen. Hier gehört alles allen; du aber hast uns irgendeinen Unterschied von Mein und Dein – ich weiß nicht welchen – gepredigt. Unsere Töchter und unsere Frauen gehören uns allen; du hast dieses Vorrecht mit uns geteilt, hast in ihnen aber fremde Leidenschaften entfacht, rasende Leidenschaften. Sie wurden in deinen Armen toll, du wurdest in ihren Armen grausam. Sie fingen an, sich gegenseitig zu hassen; ihr brachtet euch ihretwegen um, und sie kehrten zu uns zurück, aber befleckt mit eurem Blut. Wir sind frei; du aber hast nun in unserem Boden den Vorwand für unsere künftige Versklavung vergraben. Du bist weder ein Gott noch ein Dämon. Wer gibt dir also das Recht, andere zu Sklaven zu machen? Oru, du verstehst doch die Sprache der Männer dort, sage uns allen, so wie du es mir gesagt, was sie auf diese Metallplatte geschrieben haben: ‚Dieses Land gehört uns.' Dir gehört dieses Land? Und warum? Weil du es betreten hast? Wenn eines Tages ein Tahitianer an eurer Küste landete und in einen eurer Felsen oder in die Rinde eines eurer Bäume ritzte: ‚Dieses Land gehört den Bewohnern von Tahiti', – was würdest du davon halten? Du bist der Stärkere! Doch was bedeutet das? Als man dir etwas von dem verächtlichen Kram nahm, mit dem dein Schiff beladen ist, da tobtest du und nahmst Rache. In diesem Augenblick plantest du im Grunde deines Herzens schon den Raub eines ganzen Landes. Du bist kein Sklave; du würdest lieber den Tod erleiden, als Sklave zu werden, und willst uns doch versklaven! Du glaubst also, der Tahitianer könne seine Freiheit nicht verteidigen und sterben? Derjenige, den du in Besitz nehmen willst wie ein Stück Vieh, der Tahitianer, ist dein Bruder. Beide seid ihr Söhne der Natur. Welches Recht hast du über ihn, wenn er kein Recht über dich hat? Du bist hergekommen. Haben wir uns auf dich gestürzt? Haben wir dein Schiff geplündert? Haben wir dich gefangengenommen und den Pfeilen unserer Feinde ausgesetzt? Haben wir dich gezwungen, auf unseren Feldern mit unseren Tieren zu arbeiten? Wir haben unser Ebenbild in dir geachtet. Laß uns unsere Sitten; sie sind vernünftiger und ehrlicher als deine Sitten. Wir wollen das, was du unsere Unwissenheit nennst, nicht gegen dein unnützes Wissen eintauschen. Alles, was wir brauchen und was gut ist, besitzen wir ja. Sind wir verachtenswert, weil wir es nicht fertiggebracht haben, überflüssige Bedürfnisse zu erfinden? Wenn wir hungrig sind, haben wir etwas zu essen. Wenn wir frieren, haben wir etwas, womit wir uns bekleiden können. Du hast unsere Hütten betreten. Was fehlt dort – deiner Ansicht nach? Treibe das, was du die Annehmlichkeiten des Lebens nennst, soweit du willst; aber erlaube verständigen Wesen, haltzumachen, wenn sie bei Fortsetzung ihrer mühsamen Anstrengungen nur eingebildete Güter erlangen könnten. Wenn du uns überredest, die enge Grenze des Bedürfnisses zu überschreiten, wann werden wir dann aufhören zu arbeiten? Wann werden wir genießen? Wir haben die Summe unserer jährlichen und täglichen Mühen möglichst klein gehalten, weil unserer Meinung nach nichts der Ruhe vorzuziehen ist. Kehre in dein Land zurück, rege und plage dich dort, soviel du willst; aber laß uns in Ruhe. Rede uns weder deine künstlichen Bedürfnisse noch deine trügerischen Tugenden ein. Sieh diese Männer an; sieh doch, wie aufrecht, wie gesund und kräftig sie sind. Sieh diese Frauen an; sieh doch, wie aufrecht, wie gesund, blühend und schön sie sind. Nimm diesen Bogen, er gehört mir; rufe einen, zwei, drei, ja vier von deinen Kameraden zu Hilfe, und versucht dann gemeinsam, ihn zu spannen. Ich kann ihn allein spannen. Ich pflüge den Boden, ersteige das Gebirge, dringe in den Urwald vor, lege in der Ebene eine Meile in weniger als einer Stunde zurück. Deine jungen Gefährten hatten große Mühe, mir zu folgen, und ich bin doch über neunzig Jahre alt. Wehe dieser Insel, wehe den lebenden Tahitianern und allen kommenden Tahitianern, seitdem du uns besucht hast! Wir kannten nur eine Krankheit, nämlich diejenige, zu der Mensch, Tier und Pflanze verurteilt sind: das Alter. Du aber hast uns eine andere gebracht; du hast unser Blut verseucht. Vielleicht müssen wir nun mit unseren eigenen Händen unsere Töchter, Frauen und Kinder ausrotten, sowohl diejenigen, die mit deinen Frauen zusammengekommen sind, als auch diejenigen, die mit deinen Männern verkehrt haben. (…)

Unsere Genüsse, früher so hold, sind jetzt von Reue und Angst begleitet. Der Mann in Schwarz, der neben dir steht und mir zuhört, hat zu unseren Jünglingen gesprochen. Ich weiß nicht, was er unseren Mädchen eingeredet hat; aber seitdem zögern unsere Jünglinge und erröten unsere Mädchen. Verstecke dich, wenn du willst, im dunklen Wald mit

Gleichgewichtsspiel auf den Sandwich-Inseln.

der verdorbenen Gefährtin deiner Freuden; aber gewähre den guten und einfältigen Tahitianern das Recht, sich ohne Scham fortzupflanzen, unter freiem Himmel und am hellen Tag. Könntest du denn durch ein ehrlicheres und größeres Gefühl jenes Gefühl ersetzen, das wir ihnen eingeflößt haben und das sie beseelt? Sie nehmen an, der Augenblick sei gekommen, Volk und Familie durch einen neuen Staatsbürger zu bereichern, und sie rühmen sich dessen. Sie essen, um zu leben und zu wachsen; sie wachsen heran, um sich zu vermehren, und finden dabei weder Laster noch Schande. (...)

Auf unserer Insel seid ihr umhergewandert, du und deine Leute. Man hat dich geachtet, du hast alles genossen. Auf deinem Weg stießest du weder auf Schranken noch auf Ablehnung. Man lud dich ein, du nahmst Platz: Man breitete vor dir den ganzen Reichtum des Landes aus. Wünschtest du dir junge Mädchen? Mit Ausnahme derjenigen, die noch nicht das Recht haben, ihr Gesicht und ihren Busen zu zeigen, führten dir die Mütter alle anderen unverhüllt vor. Schon warst du im Besitz solch eines zarten Opfers der Gastfreundschaft. Man streute für euch beide Blätter und Blumen auf den Boden; die Musikanten stimmten ihre Instrumente; nichts störte eure Wonne, nichts hinderte die Ungezwungenheit eurer Liebkosungen. Man sang das Hochzeitslied, jenes Lied, das dich aufforderte, Mann zu sein, und unsere Tochter, Weib zu sein: hingebungsvolles, sinnliches Weib. Man tanzte um euer Lager herum. Doch als du aus den Armen jener Frau kamst, nachdem du an ihrer Brust die süßeste Trunkenheit empfunden, da gingst du hin, um ihren Bruder, ihren Freund, vielleicht sogar ihren Vater zu töten. Du hast noch Schlimmeres getan! Schau dorthin; sieh dir jenen Pferch an, der von Pfeilen starrt. Die Waffen, die bisher nur unsere Feinde bedroht haben, siehst du nun auf unsere eigenen Kinder gerichtet. Betrachte die unglücklichen Gefährtinnen unserer Freuden; sieh ihre Trauer, sieh den Schmerz ihrer Väter, sieh die Verzweiflung ihrer Mütter. Da sind sie nun dazu verurteilt, entweder durch unsere Hand zu sterben oder an dem Übel zugrunde zu gehen, das du ihnen gebracht hast. Entferne dich, falls deine grausamen Augen sich nicht noch am Schauspiel des Todes ergötzen wollen! Ja, entferne dich, geh! Möge das Meer, das dich auf der Herfahrt verschont hat, seine Schuld sühnen und uns rächen, indem es dich verschlingt vor deiner Heimkehr! Ihr aber, Tahitianer, sollt nun in eure Hütten zurückkehren. Ja, ihr alle. Diese nichtswürdigen Fremden sollen bei ihrer Abfahrt nichts anderes hören als die brüllende See und nur sehen, wie die tobende Brandung einen öden Strand rein wäscht."

Sobald er zu Ende gesprochen hatte, verschwand die Menge der Eingeborenen. Tiefes Schweigen herrschte auf der ganzen Insel. Längs der Küste hörte man nur das Brausen des Windes und das Rauschen der Wogen. Es war, als hätten die Luft und das Meer, beide empfänglich für die Stimme des Alten, sich angeschickt, ihm zu gehorchen.

Denis Diderot:
„Die Abschiedsrede des Greises"

Die pazifischen Kulturen

Um die Weltanschauung der einheimischen Bevölkerung der südpazifischen Inseln verstehen zu können, muß man sich mit ihren gesellschaftlichen, politischen und religiösen Institutionen vertraut machen. Dies kann bei einem geographisch so großen Gebiet mit so vielfältigen Kulturen an dieser Stelle nur ansatzweise geschehen. Hinzu kommt, daß der Einfluß der Zivilisation in den meisten Gebieten kaum noch eine Erinnerung an die alten Zustände wachhält. Supermärkte und Transistorradios haben die Fischer und die Märchenerzähler abgelöst.

Für die gesellschaftliche und politische Ordnung war und ist vielerorts noch in der gesamten Südsee die Verwandtschaft maßgebend. Der Mensch lebt in seiner Großfamilie, die mit ihm im gleichen Dorf innerhalb des Sippenverbandes wohnt. Er fühlt sich als Glied in einer Kette von Vorfahren und Nachkommen, mit denen er sich verbunden glaubt. Daraus resultiert die Achtung vor Erfahrungen, Ge-und Verboten der Ahnen und der Älteren der Gruppe.

Die Verwandtschaftszurechnung ist anders als bei uns. Man ist entweder mehr mit dem Vater, dem Vatersvater und dessen Nachkommen verwandt – patrilineare Verwandtschaftsrechnung – oder mehr mit der Mutter, der Muttersmutter und deren Nachkommen – matrilineare Verwandtschaftsrechnung. In diesem Fall kommt dem Bruder der Mutter eine besondere Stellung zu, er vertritt die Interessen der Familie nach außen, er vererbt sein Wissen oder auch materielle Güter an die Kinder seiner Schwester.

Die einzelnen Verwandtschaftsgruppen sind meist groß und über viele Dörfer verteilt: Ein solcher, Klan genannter Verband leitet sich häufig von mythischen Vorfahren ab. Da die Mitglieder sich blutsverwandt fühlen, müssen sie sich ihre Heiratspartner außerhalb suchen, das heißt bei einem anderen Klan, von dem Mitglieder durchaus im gleichen Dorf angesiedelt sein können. Das bedeutet, die Heirat ist exogam. Der Wohnort des jungen Paares ist häufiger bei der Sippe des Mannes als umgekehrt.

So zieht die Braut bei den (...) Abelam zu ihrem Mann und lebt inner-

Tonganerin mit Kind beim Klopfen von Rindenbast, der vor der Einfuhr europäischer Stoffe in ganz Ozeanien zu Kleidung verarbeitet wurde.

halb seines Klans, mit dem sie sich mehr und mehr identifiziert. Denn sie hat ihrer neuen Verwandtschaft gegenüber nicht nur eine Reihe von Verpflichtungen, auch ihre Kinder gehören dieser an, da die Mitgliedschaft patrilinear geregelt wird. Das Zusammengehörigkeitsgefühl innerhalb eines Klans ist größer als mit anderen Dorfbewohnern, was sich auch in Streitfällen auswirkt, wo man bei Schlichtungsversuchen auf diese Solidarität verweist. Im täglichen Leben helfen sich die Männer eines Klans, die im selben Weiler oder Dorfteil leben, beim Haus- und Gartenbau. Bei größeren Unternehmungen wie Neubau eines Kulthauses oder Neuanlage einer großen Pflanzung bittet man auch entfernter wohnende Verwandte um Hilfe. Und es sind die Männer eines Klans, die ihre großen Yams gemeinsam pflanzen, ernten und zur Schau stellen, die im Kult durch dieselben Ritualobjekte und Gesänge verbunden sind, deren Gärten aneinander grenzen und die unter dem gemeinsamen Klannamen sich als Einheit fühlen. Darüber hinaus hat ein Abelam auch mit dem Klan seiner Mutter Kontakt, er hilft und bekommt Hilfe bei bestimmten Unternehmungen und auch bei Zeremonien. Der Bruder seiner Mutter erlaubt ihm die Ernte von Früchten seines Gartens, und bei Kinderlosigkeit kann er ein Kind seiner Schwester adoptieren. Diesen Kindern ist er in jedem Fall ein Freund, zu dem sie ihre Kümmernisse tragen können, falls sie sich von den Eltern unverstanden fühlen.

Junge Frauen auf Butaritari, Kiribati (Gilbert-Inseln).

Dem Mann seiner Schwester hilft er in besonderer Weise, so wie diese seiner Frau notfalls zur Hand geht oder deren Haushalt besorgt.

Ein Samoaner ist auch dem Klan seiner Mutter zugehörig, obwohl er normalerweise die Wohn- und Nutzungsrechte auf der Vaterseite geltend macht. Eine besondere Beziehung bestand früher zwischen einem Häuptling (matai) und seiner älteren Schwester, die auch auf deren Kinder überging. Adoptionen oder zumindest zeitweiliges Leben von Kindern bei Verwandten sind an der Tagesordnung. Wobei allerdings das vom System gestattete Zufluchtsuchen bei Onkeln und Tanten als Schande für die Eltern gilt und von diesen daher möglichst verhindert wird.

In matrilinearen Gesellschaften wie auf den Trobriand-Inseln ist die Stellung des Mutterbruders noch wichtiger, da er als Beschützer seiner Schwester und deren Kinder gilt. Er ist die wichtigste Bezugsperson für den Sohn seiner Schwester bei dessen Reifefeiern und beim zeremoniellen Austausch, da er im Gegensatz zum leiblichen Vater demselben Klan angehört.

Oder vielmehr demselben Sub-Klan, denn jeder Klan ist nochmals in kleinere Einheiten unterteilt, die bei größeren Ansiedlungen in einem Dorfabschnitt oder sogar als einzige innerhalb eines kleineren Dorfes leben. Ein solches Trobriand-Dorf ist nun nicht willkürlich angelegt, sondern umgibt im Idealfall in mehreren Ringen einen großen freien Platz, den man bei Festlichkeiten und zu großen

Versammlungen braucht. Um diese Fläche reihen sich die Vorratshäuser für die Yams, die ja im Leben der Trobriander eine so wichtige Rolle spielen. Den nächsten Ring bilden erst die Wohnhütten. Yamsspeicher und Wohnhäuser von Häuptlingen sind durch Bemalung und prächtigere Ausführung besonders gekennzeichnet und stehen an exponierter Stelle innerhalb des eigenen Klan- oder Subklanbezirks. Von diesem führt dann ein Weg in die Gärten, die wiederum nebeneinanderliegend zu einer Verwandtengruppe gehören. Auch bei den Abelam und anderswo gilt, daß die Wohnhäuser eines Klans meist benachbart gebaut werden.

In einem solchen Haus wohnt eine Familie, also Eltern mit ihren Kindern, die ein Vorratshaus und einen oder mehrere Gärten arbeitsteilig betreiben. Diese Familie hat auf der Salomonen-Insel Tikopia den Namen, der mit dem Grundstück und dem darauf gebauten Haus, in dem sie lebt, verbunden ist und der häufig auf einen Ahnherrn des Klans zurückgeht. Die früher bei Häuptlingen übliche Heirat mit mehreren Frauen ist abgeschafft. In diesem Fall lebte jede der Ehefrauen mit ihren Kindern im eigenen Haus. Auf Trobriand war Polygamie ein Vorrecht von Oberhäuptlingen, die sich schon aus Gründen der Politik aus jedem der ihnen tributpflichtigen Dörfer eine Frau nahmen. Das stärkte ihre Macht durch den gewonnenen Reichtum und durch die Abhängigkeiten, die Unterstützung im Kriegsfall und bei anstehenden größeren Arbeiten sicherten.

Ein solcher Oberhäuptling war und ist auf Trobriand eine hohe Respektsperson, der besondere Achtung entgegenzubringen ist. Obwohl auch ein Ranghoher im Alltagsleben wie die anderen arbeitet. Man hat als Gemeiner nur darauf zu achten, nicht höher zu stehen oder zu sitzen. Dies konnte zu der uns grotesk anmutenden Situation führen, daß Häuptlinge aufzustehen hatten, wenn ein gewöhnlicher Sterblicher an ihnen vorüberging.

Hintergrund ist die besondere Wertschätzung des Kopfes, die in vielen Gesellschaften eine Rolle spielt. So darf in Tikopia der Kopf des eigenen Vaters keinesfalls berührt werden, theoretisch kann ein rangniederer Trobriander nicht einmal Hals und Schultern seiner ranghöheren Ehefrau anfassen.

Insgesamt ist der Umgang innerhalb der Familie und mit der Verwandtschaft von einer ganzen Reihe fester Regeln bestimmt, die auch Sprachliches miteinschließen. So darf es keinerlei sexuelle Anspielungen zwischen Bruder und Schwester in Tikopia geben. Obwohl sie sich wenigstens körperlich berühren dürfen, was in anderen Gesellschaften schon die Vorstufe von Inzest sein kann. Vertraulichkeiten zwischen Eheleuten in der Öffentlichkeit sind allgemein unüblich. Diesbezügliche Szenen in amerikanischen Magazinen oder gar Filmen erregen in weniger verwestlichten Regionen auch heute noch Heiterkeit.

Die Organisation eines Dorfes, das mit einer gemeinsamen Sprache und einer einheitlichen Kultur früher die größte politische Einheit darstellte, liegt in den Händen der weisen Männer, manchmal unter Mitwirkung von Frauen. Wo es Häuptlinge und wie in Polynesien und Teilen Mikronesiens eine Adelsschicht oder wie in Melanesien „große" Männer gab, bestimmten diese die Geschicke.

Verwandtengruppen waren und sind zu besonderer Zusammenarbeit im sozialen, wirtschaftlichen und religiösen Bereich verpflichtet, die ihnen der gemeinsame Ahnherr oder auch die Ahnfrau aufgibt. Im Ritual spielen darüber hinaus noch die Dorfgründer eine Rolle. In Neuguinea beispielsweise teilten sie das Dorf in zwei Hälften auf. Dies war unter anderem für den zeremoniellen Nahrungsaustausch bei Festen wichtig.

Durch gemeinsame Arbeiten und gemeinsame Feste, durch die gemeinsame Führung und durch vielfältige verwandtschaftliche Beziehungen, durch freundschaftliche Bande oder durch individuelle Handelspartnerschaften wie bei den Abelam fühlen sich Dorfbewohner besonders miteinander verbunden. Kooperativen heutiger Zeit sind aus diesem Zusammengehörigkeitsgefühl entstanden und haben teilweise traditionelle Bindungen ersetzt. Doch die Auflösung alter Strukturen zugunsten moderner Individualität machte auch vor Südseedörfern nicht halt; das scheinbar so fortschrittliche Leben in der Stadt und fern der ja nicht nur als angenehm empfundenen Verwandtschaft bringt starke Veränderungen.

Clara B. Wilpert:
„Südsee: Inseln, Völker und Kulturen"

Götterfigur aus Stein von den Marquesas-Inseln. Höhe: 70 cm.

Religion in Ozeanien

Die religiösen Vorstellungen der Bewohner des südpazifischen Raumes sind so unterschiedlich und so komplex, daß sie sich kaum auf wenigen Seiten darstellen lassen. Grundsätzlich allen gemeinsame Elemente sind:
– der Animismus, d.h. die Vorstellung, daß die Seele sich vom Körper zu lösen vermag, nicht nur im Fall des Todes, sondern auch im Traum und bei Kranken.

– der Animatismus, d.h. die Tendenz, Unbelebtes (Steine, Gegenstände des täglichen Gebrauchs, Kunstobjekte) so zu behandeln, als seien sie belebt.
– der Manismus, d.h. der Ahnenglaube. Im Unterschied zum individuell orientierten Totenkult z.B. des Christentums werden beim Ahnenglauben alle verstorbenen Vorfahren bis in ferne Vorzeiten zurück mit Ehrfurcht behandelt.

Einzelne Gebiete wie z.B. Polynesien oder Melanesien haben bei aller Verschiedenheit im Detail gemeinsame Grundzüge der Religion.

In Polynesien ist die Ahnenverehrung nicht nur eine religiöse Aufgabe, sondern auch Grundlage der sozialen Schichtung der Gesellschaft. Die Geburt und die Ahnenreihe entscheiden darüber, ob ein Mensch zur Aristokratie gehört und wieviel persönliche Macht er besitzt. Die persönliche Macht, auch „mana" genannt, wird mit dem sozialen Rang vererbt. „mana" bedeutet nicht zugleich politische Macht oder materiellen Reichtum, es ist eher als persönliche Autorität zu verstehen. Einige Stammesoberhäupter in Polynesien besitzen so viel „mana", daß sie von gewöhnlichen Sterblichen nicht berührt werden dürfen: Sie gelten als „tapu". Der Begriff „tapu" (als „Tabu" inzwischen auch in unseren Sprachgebrauch übernommen) wurde ausgeweitet auf alle erdenklichen Dinge, auf Orte, ja sogar auf Namen (z.B. von Verstorbenen).

In Polynesien kennt man Ahnen, Halbgötter (die zuvor vielleicht als Ahnen verehrt wurden), Götter und einige Hauptgötter, die über allem stehen. Viele Götterbilder tragen menschliche Züge, aber auch vogelartige sind bekannt. Auf der Osterinsel gab es einen „Vogelmann" Kult und einen Vogelgott, „makemake". Die Maori Neuseelands verehren in „manaia" ein Wesen, das halb Vogel und halb Mensch ist.

Grünsteinfigur (Hei-Tiki) mit Einlagen aus Muschelschalen aus Neuseeland, ursprünglich als Amulett getragen.

Wie in Polynesien so hat auch in Melanesien der Vogelkult Tradition. In der religiös begründeten Kunst Melanesiens finden sich zahlreiche Vogeldarstellungen. Der Vogel gilt hier oft als Seelensymbol oder wird mit den Seelen Verstorbener in Verbindung gebracht.

Ebenso wie in Polynesien werden den Ahnen in Melanesien besondere Aufmerksamkeiten zuteil. Die Seelen Verstorbener gelten als mächtig und

Mallanggan-Maske aus Neuirland.

müssen zufriedengehalten werden, weil andernfalls Unglück droht. Tritt solch ein Unglück ein, müssen die Ahnen besänftigt werden. Man will sich ihr „mana" (ihre segensreiche Kraft) sichern. Die Ahnenverehrung ist auch eine der Aufgaben, die von den Geheimbünden zu erfüllen sind. Die Zeremonien sind sehr aufwendig, die Riten streng geheim. Die sogenannten „Malanggan"-Feiern auf Neuirland, einer Nachbarinsel Neuguineas, erfordern mehrere Jahre Vorbereitung, und die Feste selbst dauern oft wochenlang. Mit ihnen soll an Verstorbene erinnert werden. Außerdem sichern sie das Prestige ihres Veranstalters und bedeuten seine Aufnahme in den Kreis der Eingeweihten. So wird deutlich, wie Religion und Alltag, wie Diesseits und Jenseits in Ozeanien in enger Verbindung zueinander stehen.

Frank von Berger

Neben dem guten und edlen Wilden beschäftigte auch immer wieder die Vorstellung von menschenfressenden Barbaren die Reisenden – und mehr noch die Daheimgebliebenen.

Die Berichte der Seefahrer über den Kannibalismus müssen sorgfältig auf ihren Wahrheitsgehalt hin geprüft werden, denn nur in den seltensten Fällen sind es authentische Augenzeugenberichte. Meistens handelt es sich um Gerüchte aus zweiter und dritter Hand, entstanden aus dem Bedürfnis, die eigene Fremdenangst zu begründen.

Jean-François de Lapérouse (1741–1788) versuchte, als typischer Vertreter des aufgeklärten Zeitalters, die Eindrücke, die er auf seiner Entdeckungsreise gewann, nicht durch persönliche Vorurteile trüben zu lassen. Dennoch war er natürlich ein Mensch seiner Zeit, und viele seiner Berichte halten modernen Erkenntnissen nicht mehr stand.

Wir Franzosen waren zwar die ersten unter allen Europäern, die in neuern Zeiten auf der Insel Mowi ans Land gingen; demungeachtet konnte ich mich unmöglich entschließen, im Namen des Königs von ihr Besitz zu nehmen; denn ich kann mir nichts Abgeschmackteres vorstellen, als die Gebräuche, welche die Europäer bei dergleichen Gelegenheiten zu beobachten pflegen. Ueberhaupt ist es für den Philosophen eine traurige Betrachtung, wenn er wahrnimmt, daß Menschen, bloß deswegen, weil sie sich auf ihre Kanonen und Bajonette verlassen, Tausende ihrer Nebenmenschen für Nichts achten, sie ihrer heiligsten Rechte berauben, und ein Land zum Gegenstande ihrer Eroberungen machen, das die Bewohner desselben unter Vergießung ihres Schweißes angebaut haben, und das ihren Voreltern seit mehrern Jahrhunderten zur Grabstätte dienet. Ein wahres Glück ist es für jene Völkerschaften, daß man in einem Zeitalter mit ihnen bekannt wurde, wo die Religion keinen Vorwand mehr nimmt, Gewaltthätigkeit und Habgier zu beschönigen. Wenn die neuen Seefahrer die Sitten und Gebräuche neuentdeckter Völker beschreiben, so geschiehet es bloß in der Absicht, die in der Geschichte der Menschheit dennoch vorhandenen Lücken auszufüllen. Ihre Reisen sollten bloß dazu dienen, die wahre Beschaffenheit des Erdballs vollends zu erforschen, und die Kenntnisse, welche sie verbreiten, zwecken einzig und allein darauf ab, die Bewohner der von ihnen besuchten Inseln glücklicher zu machen und ihnen ihre Subsistenz zu erleichtern.

In Gemäßheit dieser Grundsätze, haben sie bereits jene Inseln mit Ochsen und Kühen, mit Ziegen, Schafen und Widdern, versorgt; haben daselbst Bäume angepflanzt, das Erdreich mit einer Menge Sämereyen aus allen Weltgegenden befruchtet und mancherlei Werkzeuge zur Beförderung des Erwerbfleißes hinterlassen. Was

Südseekrieger.

uns anbelangt, so würden wir uns für die unbeschreiblichen Mühseligkeiten, welche wir auf unserer Entdekkungsreise erdulden mußten, hinlänglich belohnt halten, wenn wir im Stande wären, dem abscheulichen Gebrauche der Menschenopfer Einhalt zu thun. Es ist bekannt, daß dergleichen unter den Bewohnern der Südseeinseln allgemein üblich seyn sollen. Allein bei aller Achtung, die ich für die Einsichten Herrn Andersons und des Kapitän Cook hege, halte ich dennoch mit Kapitän King dafür, daß ein so gutmüthiges, sanftes, und gastfreyes Volk, schlechterdings nicht aus Menschenfressern bestehen

Mann von den Sandwich-Inseln.

könne. Blutgierige Religionsgrundsätze lassen sich unmöglich mit milden Sitten vereinbaren; und da hiernächst Kapitän King in seiner Erzählung ausdrücklich versichert, daß sich die Priester auf der Insel Owaihi, als die vertrautesten Freunde der Engländer bewiesen, so kann ich um so weniger die übrigen Einwohner für grausam halten, da Sanftmuth und Menschenliebe bereits unter jener Volksklasse so starke Fortschritte gemacht haben, welche sich vor allem andern mit den Menschenopfern hätte beschäftigen müssen. Hieraus erhellet denn offenbar, daß das Menschenfressen bei diesen Insulanern abgekommen ist, wiewohl mir es übrigens sehr wahrscheinlich vorkömmt, daß solches vor nicht gar langer Zeit aufgehöret habe.

„La Pérouse'ns Entdeckungsreise in den Jahren 1785, 1786, 1787 und 1788"

Die moderne Völkerkunde bemüht sich darum, das Bild vom Bewohner der Südseeinseln als menschenfressendes Ungeheuer zu revidieren. Man weiß inzwischen, daß Kannibalismus ein nur in Ausnahmesituationen anzutreffendes rituelles und soziales Verhalten ist und der Verzehr von Menschenfleisch niemals als Ernährungsweise praktiziert wurde.

Von Ethnologen werden zwei Formen des Kannibalismus unterschieden: Kannibalismus an einem bereits (natürlich) verstorbenen und das Verschlingen von Teilen des Feindes noch auf dem Schlachtfeld, um auch geistig über den Feind zu dominieren und ihn zu zerstören. Hinzu kommen komplexe Fruchtbarkeitsriten, einmal in jeder Generation abgehalten, bei denen ein männlicher und ein weiblicher Gefangener eines benachbarten Volkes gefoltert, erschlagen und verspeist werden. (...) Man glaubte, daß all diese Riten große übernatürliche Gefahren bergen, und sie wurden als unangenehm betrachtet, sogar als widerwärtige Pflichten, die nur ertragen wurden, um die moralische Ordnung zu sichern und niemals als kulinarischer Genuß. (...)

Auf Fidschi haben Häuptlinge und andere Mächtige Kannibalismus und Heirat als Ausdruck ihrer politischen und metaphysischen Macht benutzt: „Auswärtige" Häuptlinge heirateten wichtige Fidschi-Frauen und veranstalteten kannibalische Festessen für sich und ihre fidschianischen Untergebenen, bei denen Angehörige besiegter Stämme verspeist wurden. Für Fidschianer, wie für Gimi und Bimin-Kuskusmin (Neuguinea) war

Häuptling Sigadrondo von den Fidschi-Inseln mit einer Keule. Dieser Aufputz diente sicher nicht der Jagd nach Menschenfleisch, sondern sollte imponieren und die Feinde einschüchtern.

der Kannibalismus niemals eine gewöhnliche Ernährungsgrundlage, sondern ein symbolischer Ausdruck von sozialer Kontrolle und Dominanz.

Als solches war der Kannibalismus auch, ob praktiziert oder nicht, gefährlich und sogar abstoßend. (...)

Es ist keine Frage mehr, daß die große Mehrheit der Berichte über Kannibalismus falsch ist, da der symbolische Aspekt von Kannibalismus (...) mit rein gewohnheitsmäßiger Praxis verwechselt wird. Wo Berichte über Kannibalismus unbestreitbar (Neuguinea), oder überzeugend (Fidschi, Maori) sind, beinhalten sie einen Ritus bei verstorbenen Verwandten oder rituellen Ausdruck von Macht. (...) In vielen (wenn auch nicht allen) Fällen werden kleine Bissen von Fleisch mit Widerwillen gegessen. So wie wir widerwillig ein unangenehmes Medikament nehmen würden, um aber letztendlich Stärke zu erlangen.

T. O. Beidelmann

In den Märchen, Mythen und Fabeln eines Landes oder einer Region spiegeln sich Weltanschauung und Bräuche sowie das ganz alltägliche Leben eines Volkes.

Die Kokosnuß

Nabinaing hieß ein Mann, der in eine große Liebe zu einem Mädchen verfiel, das Kainonokia hieß. Er tat alles mögliche, um seine Gegenliebe zu erwerben. Aber Kainonokia konnte ihre Abneigung gegen ihn nicht überwinden. Nabinaing mochte ohne sie nicht leben und begehrte sie so sehr, daß er sich in eine Kokosnuß an einer Palme neben ihrem Hause verwandelte. Als das Mädchen die Kokosnuß hängen sah, faßte es solches Verlangen danach, sie zu trinken, daß es ihren Bruder bat, doch diese Nuß herunterzuholen. Dann wollte sich Kainonokia anschicken, die Kokosnuß leerzutrinken, und berührte sie mit ihrer Nase. Da schrak sie zurück, denn sie sah in das Gesicht von Nabinaing, und er sprach: „Ich grüße dich!" – Wie die Geschichte nun weitergeht, muß sich ein jeder denken, denn es ist schon so lange her, daß nur die ganz, ganz alten Leute sich daran erinnern können. Aber die jungen Kokosnüsse

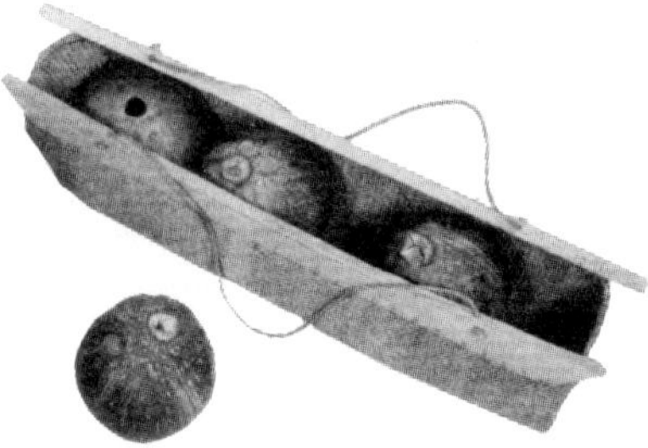

Kokosschalen als Wasserbehälter; von den Marshall-Inseln.

heißen bei den Erfahrenen in der Gilbert-Sprache Moimoto oder auch Nabinaing, als Anspielung auf die drei Keimlöcher, die wie ein Gesicht erscheinen und an diese Geschichte erinnern.

Die Mondfrauen

Auf dem Mond lebten einst zwei Frauen, die Nei Nibarara und Nei Matanoko hießen. Nei Nibarara hatte nur eine einzige Beschäftigung, und das war die des Mattenflechtens. Nei Matanoko aber war blind. Sie saß nur noch am Feuer und dickte den Palmsaft in den Kokosnußschalen ein. Weil sie nicht sehen konnte, tastete sie stets nach den Schalen und zählte sie. Eines Tages merkte sie, daß einige Schalen vor der Zeit leer waren. Sie prüfte und tastete immer wieder, bis sie einmal die Hand ihrer diebischen Nachbarin erwischte. Da wurde die Blinde so böse, daß sie über die andere Frau herfiel und sie erwürgte. Nun muß sie ganz allein im Mond bei ihren Schalen sitzen.

Rettung durch List

Zu einer Insel, die von friedlichen Fischern bewohnt war, kam eines Tages die Kunde, daß viele starke und zauberkräftige Männer einer weit entfernten Insel sich aufgemacht hätten, um diese Insel, die Onotoa hieß, zu bekriegen und das Land unter sich aufzuteilen. Darauf herrschte große Verwirrung. Nur zwei alte Frauen, die freundschaftlich am Rande von Onotoa zusammenlebten, überlegten, wie sie die fremden Eroberer abschrecken könnten. Die beiden waren selber so schutz- und kraftlos, daß sie zuerst ihr Leben verlieren würden. Da sagte eine von ihnen: „Laß uns die dunklen Kokospalmblattstiele am Strand aufstellen. Wenn die Feinde sie im frühen Morgenlicht sehen, werfen die Stiele Schatten, und man könnte sie von fern leicht für Menschen halten.“ Die andere alte Frau stimmte zu, und beide waren nun fleißig, alle erreichbaren Palmblätter von ihren Fiederblättern zu befreien und die langen, dicken Stiele fest in den Strand zu stecken. Am frühen Morgen kamen die fremden Boote näher. Als sie jedoch die dunklen Stäbe im weißen Sand gewahrten, meinten die Männer wirklich, daß viele Menschen am Strand seien und sie zum Kampf erwarteten. Da hielten sie ein und berieten, ob es klüger sei, sich der Überzahl zu stellen oder ihr zu weichen. Sie beschlossen schließlich, lieber umzukehren als hier umzukommen. So wurde Onotoa durch die List von zwei Frauen gerettet.

Sigrid Koch:
Erzählungen aus der Südsee“

Die Südsee heute

Es nur bei einer Schilderung der paradiesischen Idylle Südsee zu belassen, hieße ein bloß unvollkommenes Bild der Realität zu zeichnen. Das Paradies ist in Wirklichkeit extrem gefährdet. Seit Jahrzehnten dienen abgelegene Atolle den Atommächten – an erster Stelle Frankreich – als Versuchsgelände für Kernwaffentests. Die in der Region ansässigen Menschen sind schutzlos der radioaktiven Strahlung ausgeliefert. Trotz internationaler Proteste ist es bis heute nicht gelungen, die Tests zu verhindern.

Seit 1946 ist der Pazifik bereits Schauplatz zahlreicher Tests gewesen, die von den USA und Großbritannien auf den Marshall-, Johnston- und Weihnachtsinseln sowie in Australien durchgeführt wurden. Frankreich sollte jedoch – teils unter größter Geheimhaltung – von 1966 bis heute (1987) rund 130 Versuche (davon 41 in der Atmosphäre) durchführen und so am nachhaltigsten zur radioaktiven Verseuchung dieser Weltgegend beitragen und Gesundheit und Leben seiner Bewohner vorsätzlich gefährden.

Bereits vor der Zündung der ersten Sprengladung über dem Mururoa-Atoll am 2. 7. 1966 kam es zu internationalen Protesten gegen die Durchführung derartiger Tests in der Atmosphäre. Obwohl auch in Frankreich Demonstrationen gegen die Aktivitäten des Staates im Pazifik veranstaltet und nach Beginn der ersten Testserie die Proteste der Anrainerstaaten immer drängender wurden, erklärte das Verteidigungsministerium kategorisch: „Wir berücksichtigen keinerlei Kritik, keine Beschwerden und auch keine Protestaktionen, die aus Frankreich und vor allen Dingen aus dem Ausland gegenüber den Atombombenversuchen vorgebracht werden, weil diese Versuche wichtig sind zur Perfektionierung unserer Atomwaffen." Dennoch wurden gewisse Maßnahmen von der französischen Verwaltung getroffen: 1.) seit Juni 1966 wurden keine regelmäßigen Gesundheitsstatistiken von Französisch-Polynesien mehr veröffentlicht, 2.) die zivilen Ärzte im Krankenhaus von Papeete wurden durch Militärärzte ersetzt, 3.) die Atombehörde

Amerikanischer Atombombenversuch 1946 auf Bikini.

kündigte großangelegte Untersuchungen der auf dem Fischmarkt von Papeete angebotenen Meerestiere an, die aber offenbar niemals durchgeführt worden sind, 4.) die offizielle, für den ersten Versuch ausgewiesene „Gefahrenzone" wurde kurz vor der Zündung erweitert, man verzichtete aber auf eine Evakuierung der nunmehr ebenfalls betroffenen Atolle; es ist dies übrigens eine Praxis, die bei späteren Versuchen fortgesetzt werden sollte.

Nach einer ersten Serie von Versuchen will sich Präsident de Gaulle in seiner Eigenschaft als erfahrener Kriegsherr nicht die Gelegenheit entgehen lassen, Mitte September 1966 zum Augenzeugen einer Kernexplosion zu werden. Die Wetterverhältnisse erweisen sich aber als so ungünstig, daß der Versuch um einen Tag verschoben werden muß. Auch am neuen Termin weht der Wind in westliche Richtung, so daß radioaktiver Fallout nahezu alle Inseln Zentral- und Westpolynesiens bedrohen würde. Dringende Regierungsgeschäfte de Gaulles erfordern jedoch eine Zündung gerade zu diesem Zeitpunkt, und so wird eine Sprengladung der Wirkung von 120000 t TNT zur Explosion gebracht.

Die Ergebnisse der bei diesem Versuch durchgeführten Messungen wurden nie veröffentlicht. Im 2000 Seemeilen entfernten Apia (West-Samoa) hingegen wird während der Testperiode eine radioaktive Kontamination des Trinkwassers registriert, die eine Woche lang das 5fache der zulässigen Obergrenze beträgt. (...)

Im gleichen Jahr gibt die französische Regierung bekannt, daß nun Uranium 235 in ausreichenden Mengen hergestellt werden kann und der Bau einer Wasserstoffbombe in naher Zukunft möglich sein wird. Da Wasserstoffbomben nach dem Prinzip der Kernverschmelzung und nicht nach dem der Spaltung funktionieren, gibt es keine mengenmäßige Begrenzung für die Aufnahme von Sprengstoff, weshalb mit ihr ungleich stärkere Explosionswirkungen erzielt werden können als mit herkömmlichen Atomwaffen.

Noch 1968 stieß man mit der Explosion einer Wasserstoffsprengladung (einsatzbereite Bomben standen noch nicht zur Verfügung) in den Bereich der Megatonnen vor: Die Energie der Sprengladung entsprach der Wirkung von 2500000 t TNT oder etwa der 100fachen Zerstörungskraft der über Japan eingesetzten Bomben (20000 t). Natürlich erweiterte sich durch diese Versuche beträchtlich der Umfang der sog. „Gefahrenzone", deren Festlegung, wie die Vorfälle kurz vor Beginn der ersten Versuchsreihe gezeigt hatten, letztlich immer arbiträre Züge tragen wird. Auch außerhalb dieser Zone sind die Gefahren radioaktiver Strahlung keineswegs gebannt, sondern nur weniger akut als in den Zonen um das Zentrum der Explosion.

Schädliche Auswirkungen der Versuche waren in der Folgezeit auf nahezu allen Inseln Ost- und Zentralpolynesiens nachweisbar, was eine Protestwelle provozierte, der die französische Regierung unter Giscard d'Estaing schließlich 1974 nachgeben mußte. Die Versuche sollten künftig unterirdisch stattfinden, eine Mitteilung, die mit um so größerer Erleichterung aufgenommen wurde, als sie nicht des Hinweises entbehrte, nunmehr sei eine wahrhaft unschädliche Methode der Erprobung von Kernwaffen gefunden. Die Sprengladungen wurden in etwa 1000 m tiefen Bohrlöchern gezündet, wobei anfangs für jeden Versuch ein neues Loch gebohrt wurde. Man ging jedoch aus finanziellen und räumlichen Gründen immer mehr von dieser Sicherheitsmaßnahme ab. Seit 1982 werden die Versuche in der Lagune durchgeführt, weshalb die Sprengschächte nun von schwimmenden Bohrinseln ausgehoben werden. Selbstverständlich erwiesen sich die unterirdischen Versuche keineswegs als sicherer, sondern nur als kostenaufwendiger und dennoch zahlreicher als die Tests in der Atmosphäre. Waren vordem im Schnitt 5 Sprengladungen jährlich zur Explosion angesetzt worden, verdoppelte sich diese Zahl, seit die Versuche unterirdisch durchgeführt werden.

Die geologischen Gegebenheiten des Atolls sind allem anderen als dem Versuche förderlich, möglichst risikoarme Explosionen durchzuführen: Das Gestein des Atollringes besteht aus Korallenablagerungen über Basaltschichten, also auch Kalkgestein und Gestein vulkanischen Ursprungs. Im Gegensatz zum kontinentalen Gesteinsmaterial sind diese Gesteinsarten äußerst porös und instabil. So wird bei den Versuchen nicht nur ständig

Militäranlagen der Amerikaner auf dem Marshall-Atoll Kwajalein.

radioaktives Material in den Ozean abgegeben, sondern darüber hinaus werden tiefe Sprünge in das Basaltfundament gerissen, die das Atoll in seinem Bestand gefährden. Als 1979 technische Probleme die Zündung einer Sprengladung auf halber Schachttiefe (500 m) nahelegten, brach infolge der Explosion eine Million Kubikmeter Basalt und Korallenboden ab und löste beim Versinken im Meer eine Flutwelle aus. Seither sind auf der Oberfläche des Atolls Risse sichtbar, und der Boden senkt sich bei jedem Versuch um ca. 2 Zentimeter. Beobachter halten es für möglich, daß bei einer Fortsetzung der Versuche das Atoll in absehbarer Zeit verschwunden sein wird. (...) Bis heute halten die Atombombenversuche unvermindert an, und es ist fraglich, ob je ihre lebensbedrohende Realität die Fiktion einer französischen Großmacht überwinden kann, zu deren Insignum von der Regierung in geradezu zwanghafter Weise *le bomb* erhoben worden ist.

Matthias Mersch:
„Frankreich als Atommacht"

Tourismus in der Südsee

Südsee – das ist ein Synonym für das Traumland schlechthin, für weite, weißsandige Strände unter grünen Palmen, die sich sanft im warmen Wind wiegen. In vielen Köpfen existiert die Vorstellung, daß es dort all das zu finden gibt, was ein Erholung und Ruhe Suchender ersehnt, daß dort glückliche, nicht von der Zivilisation deformierte Menschen den aus Europa oder den USA kommenden Reisenden herzlich empfangen und ihm einen paradiesischen Aufenthalt auf ihrer Insel ermöglichen. Auch das Fremde, Exotische regt zum Träumen an – stets ist es das Gegenteil von dem, was man kennt und als negativ empfindet. Ob es nun der graue Alltagstrott ist oder der naßkalte Winter nördlicher Breiten, der Streß der Großstädte oder der Mief der Provinz, dem man zu entgehen versucht, wenn man sich in Südseeträumen wiegt, immer ist es ein deutlicher Kontrast zum Gewohnten. Vermeintlich aufgeklärte Menschen des späten 20. Jahrhunderts glauben noch immer an die Existenz der glückseligen Inseln, wo Menschen in einer paradiesischen Unschuld leben, wie Rousseau sie sich schon im 18. Jahrhundert vorstellte.

Jeder größere Reiseveranstalter hat die Reisen dorthin in seinem Programm: Tahiti, Samoa und Fidschi, Tonga, Palau und die Marquesas – Träume, so versprechen die Veranstalter, werden dort wahr. Immer mehr Reisende brechen dorthin auf, seit das Geschäft mit dem Ferntourismus auch Reisen für den kleineren Geldbeutel ermöglicht. Reiseführer mit und ohne Abbildungen, für Pauschaltouristen,

Kulturinteressierte und Sonnenanbeter, für Skipper und Sportler drängen in den letzten Jahren auf den Büchermarkt. Nicht mehr die klassischen Reiseländer am Mittelmeer sind es, die heute locken, denn was bis vor wenigen Jahren den Künstlern, Abenteurern und Priviligierten vorbehalten war, ist nun für fast jeden möglich geworden. Der Ferntourismus ist heute schon fast ein „must“, denn kaum einer möchte von Sonne, Sand und Palmen nur träumen, wenn das Ziel per Charterflug in wenigen Stunden erreichbar ist.

Doch neben der tropischen Idylle sollte der Südseetourist auch die Problematik erkennen, die durch seine Reise aufgeworfen wird: Er sollte nicht nur die eigene Erholung vom Alltag sehen, für die er bereit ist,

Okinawa
Bonin-I.
Vulkan-I.
Marcus-I.
Morell
Midway-I.
Lisianski
Krusenstern-Riff
Asunción
Pagan
Sarigan
Saipan
Tinian
Rota
Guam
MARIANEN
Wake
Schietman-Riff
Taongi
M I K R O N E S I E N
Eniwetok
Bikini
MARSHALL-INSELN
Likiep
Wotje
Maloelap
Aruno
Kwajalin
Jaluit
Urusi
Fais
Sorol
Jap
Ngulu
Palau-I.
Grimes
Ororu-I.
Hall-I.
K A R O L I N E N
Juripik
Ifalik-I.
Suk
Oroluk
Ponape
Namoluk
Nomoi-I.
Morotai
Halmahera
M E L A N E S I E N
S T I L L E
GILBERT-INSELN
Tarawa
Abemama
Nonouti
Nauru
Ocean-I. (Banaba)
Schouten-I.
Admiralitäts-Inseln
Misoöl
Hollandia
Neuirland
Bismarck-Archipel
Ceram
NEUGUINEA
Neubritannien
SALOMON-INSELN
Bougainville
Choiseul
Aru-I.
Tanimbar-I.
Port Moresby
ARAFURA-SEE
TORRES-STRASSE
Guadalcanal
San Cristóbal
Melville
Wessel-I.
Kap York
Louisiade-Archipel
Kap York-H.I.
Golf von Carpentaria
Wellesley-I.
P O L Y N E S I E N
Nanuméa
ELLICE-INSELN
Vaitupu
Funafuti
McKean-I.
Gardner
PHÖN
Santa Cruz-Inseln
Rotuma
Wallis-I.
Futuna
Banks-I.
Espíritu Santo
NEUE HEBRIDEN
Ambrym
Malekula
Efate
Eromanga
Vanúa Levu
Viti Levu
FIDSCHI-I.
Lau-I.
TONGA-INSELN
Ono-i-Lau
Tonga
Ata (Pyl
KORALLEN-MEER
Chesterfield-I.
LOYALTY-INSELN
Uvéa
Neu-kaledonien
AUSTRALIEN
Brisbane
Norfolk
Raoul (Sunda
Kermadec-I.
Espérance-Riff
Lord-Howe-I.
Newcastle
Sydney
Canberra
Adelaide
Nordkap
Auckland
Nord-Insel
TASMAN SEE
NEU SEELAND
BASS-STRASSE
Wellington
TASMANIEN
Süd-Insel
Christchurch
Chatham-I.
30° N
135° O
150°
165° O
180°
15° N
15° S
30° S
45° S

165° W
150°
135°
120° W
Guadalupe
KALIFORNIEN
Necker
Niihau
Kauai
Oahu
Maui
Hawaii
Revilla-Gigedo-I.
Clipperton-I.
Palmyra
Washington
Fanning
Christmas-I.
O Z E A N
Jarvis
Malden
Starbuck
Tongareva
(Penrhyn)
Manihiki
Vostok
Flint
Caroline-I.
Suvorov-I.
MARQUESAS-INSELN
Hatutu
Nuku-Hiva
Hiva-Oa
Tahuata
Fatu-Hiva
TUAMOTU ARCHIPEL
Puka-Puka
Rangiroa
Takaroa
Raroia
Bellingshausen-I.
Bora Bora
Scilly-I.
Raiatea
Toau
Makemo
Tatakoto
Palmerston
Tahiti
Anaa
Aitutaki
GESELLSCHAFTS-INSELN
Marokau
Nengonengo
Amanu
Paraoa
Reao
Hervey-I.
Pinaki
Anu-Anuraro
Turéia
COOK-INSELN
Rarotonga
Mangaia
Hull-I.
TUBUAI-INSELN
Rurutu
Tubuai
Gambier-I.
Morané
Vavitu
(Raivavaé)
Oëno
Henderson (Elisabeth)
Pitcairn
Ducie
Osterinsel
Neilson-Riff
Rapa
Maria-Theresa-Riff
0
500
1000
1500
2000 km

mehrere tausend Mark auszugeben, er sollte sich auch bewußt sein, daß seine Anwesenheit auf einer tropischen Insel für die einheimische Bevölkerung nicht ohne Folgen bleibt.

Zu einfach wäre es, wenn man die Folgen des verstärkten Tourismus auf den pazifischen Inseln auf wenige, meist negative Argumente reduzieren würde. Die Situation ist komplexer und verlangt eine differenziertere Analyse. Es sind ganz bestimmte Vorwürfe, die immer wieder (auch in bezug auf andere Urlaubsregionen) erhoben werden: Der Tourismus in diesen vormals vermeintlich unberührten Gebieten beeinflusse oder vernichte sogar die in Jahrhunderten gewachsene einheimische Kultur, mache sie käuflich und konsumierbar für den Touristen, fördere Betteln, Prostitution, Alkoholismus und Kriminalität unter den Einheimischen und mache sie schließlich völlig abhängig von der euro-amerikanischen Zivilisation.

Etwas ist natürlich dran an diesen Vorwürfen. Die Berichte heimgekehrter Touristen von Nepp, Bettelei und Diebstahl sind gewiß nicht erfunden. Ebenso bekannt ist die Tatsache, daß z.B. Studenten polynesischer Abstammung sich in den Semesterferien Blumen ins Haar stecken und einen Bastschurz umbinden, um dann für teures Geld vor Touristen in Hotels und Feriencamps „Eingeborenentänze" aufzuführen. Viele Touristen mußten auch erfahren, daß sie, wenn sie Einheimische fotografierten, anschließend von diesen zur Kasse gebeten wurden.

Die Reiseveranstalter bieten den Urlaubern einen Aufenthalt in komfortablen Hotelanlagen in paradiesischen Parklandschaften oder in direkter Nähe zum Strand. Üppige Büffets und Barbecues gehören genauso zum Service wie der Cocktail am Pool. Man reist nicht in die Südsee, um dort zahlreiche Beschränkungen im Komfort hinnehmen zu müssen, sondern gerade, um all das zu finden, was über das heimatliche Maß an Bequemlichkeit hinausgeht.

Zu bedenken ist dabei, daß die flachen, sandigen Atolle oder die aus Vulkangestein bestehenden hohen Inseln der Südsee mit ihren humus-

armen Böden kaum genug Ressourcen bereithalten, um einen Konsumstandard wie z. B. in einer amerikanischen Stadt gewährleisten zu können. Viele scheinbar alltägliche Produkte müssen importiert werden. Der gewaltige Bedarf an Süßwasser für Duschen, Swimmingpools und das Bewässern der Hotelparks übersteigt nicht selten das natürliche Wasserreservoir einer kleinen Insel – aufwendige Meerwasser-Entsalzungsanlagen werden gebraucht. Die Versorgung der Touristen mit Notwendigem und mit Luxus erfordert einen hohen Aufwand, was sich auf die Lebenshaltungskosten auch der einheimischen Bevölkerung auswirkt. Die Insulaner haben durch den Tourismus zwar oft eine gutbezahlte Arbeit gefunden, aber sie müssen nun auch wesentlich mehr Geld für den Lebensunterhalt ausgeben als früher.

Die hier genannten Negativ-Beispiele sind sicher symptomatisch für den Massentourismus. Neben den „Neckermännern", die meist pauschale Reisen buchen, gibt es auch zahlreiche Individualtouristen, die entweder mit dem eigenen Boot als Weltreisende von Insel zu Insel fahren oder als Rucksacktouristen auf eigene Faust die pazifische Inselwelt erkunden wollen. Es gibt darüber hinaus auch noch die Reisenden, die geschäftlich auf einer der Inseln zu tun haben und das Angenehme mit dem Nützlichen verbinden. Schließlich sind gerade in der Südsee die „Aussteiger" anzutreffen, die sich auf Dauer hier zur Ruhe setzen möchten oder dies bereits getan haben. Als Vorbild nennen letztere oft den Schriftsteller Robert Louis Stevenson,

der 1889 nach Samoa kam, um dort zu leben.

Wenn auch die Motivationen, die Südsee zu bereisen, unterschiedlich sind, so haben diese Reisenden alle eines gemeinsam: Sie sind Fremde in der Kultur des Gastlandes und tragen einen Teil ihrer eigenen Welt mit allen ihren Wertvorstellungen und sozialen Verhaltensmustern in dieses Gastland hinein. Beschränkt der Pauschaltourist seine Exkursionen meist noch auf den unmittelbaren Hotelbereich und die vom Veranstalter angebotenen Animationsprogramme (Folklore-Veranstaltungen und Souvenir-Einkäufe), ist der Rucksacktourist oft von dem Ehrgeiz besessen, möglichst engen Kontakt zu den Einheimischen zu bekommen, und dringt dabei bis in entlegenste

Winkel des Hinterlandes vor. Bootsbesitzer suchen unberührte Buchten und Strände und sind begeistert, wenn sie auf Dörfer treffen, in denen offensichtlich niemals zuvor Touristen waren. „Touristen", das sind, nach Ansicht vieler Individualreisender, immer die anderen, niemals sie selbst. Was sie bei diesen Heimsuchungen der kleinen Dörfer anrichten, entgeht meistens ihrer Kenntnisnahme. Es muß nicht gleich der vielzitierte „Kulturschock" sein, der darauf folgt. Die Entwicklung geht schleichender vor sich. Die Entscheidung darüber, ob sie sich dem Tourismus öffnen wollen oder nicht, wird nicht von den Dörfern auf Samoa, Tahiti oder den Fidschi-Inseln getroffen, sondern von den Touristen und ihren Verwaltern, die sich eine bestimmte Region als Zielgebiet auswählen und dies zunächst als Geheimtip an Freunde weitergeben, die es wiederum weitererzählen, bis schließlich ein großer Reiseveranstalter diese Region in sein Programm integriert. Nimmt ein Dorf einmal einen Touristen gastlich auf, wie dies in vielen polynesichen Gesellschaften den traditionellen Gepflogenheiten entspricht, so gibt es damit die Entscheidung über mehr oder weniger Tourismus schon aus der Hand.

Ein anderer Aspekt der Tourismus-Problematik ist der berechtigte Wunsch vieler Einheimischer nach einem komfortableren Leben im Stile der euro-amerikanischen Zivilisation. In der Tat waren wirtschaftliche Engpässe und sogar Hungersnöte in Polynesien früher oft der Grund für weite Reisen und die Besiedelung von fremden Inseln. Nachdem in den vergangenen Jahrhunderten neue Kulturpflanzen eingeführt wurden und viele Produkte importiert werden konnten, ist die Ursprünglichkeit der Südseekulturen oft nicht mehr als eine Projektion der Betrachter, die diesen Aspekt des permanenten Kulturkon-

taktes außer acht lassen. Wenn die Möglichkeit besteht, durch den Tourismus die ökonomische Lage der einheimischen Bevölkerung in den vom Tourismus betroffenen Gebieten zu verbessern, bringt der Tourismus für den einzelnen vielleicht mehr Vor- als Nachteile. Wenn dabei die „Ursprünglichkeit" der Kultur angetastet wird, so ist es schließlich eher der euro-amerikanische Tourist, der darunter leidet, wenn er seinen Traum vom paradiesischen Idyll der Südseeinsel zerstört sieht. Darf sich ein Tourist oder ein mit allen Annehmlichkeiten der Zivilisation ausgestatteter „Westler" ein Urteil darüber erlauben, was für eine industriell weniger entwickelte Gesellschaft gut oder schlecht ist? Oft wird auf diese Weise eine nicht-industrielle Kultur auf das Niveau eines „Kindes" im Verhältnis zum „Erwachsenen" (die euro-amerikanische Zivilisation) gestellt, ohne den Eigenheiten jeweils der anderen Kultur genügend gerecht zu werden.

Die Nationen im pazifischen Raum befinden sich zur Zeit in einem Prozeß der Umwälzung von Werten und Konventionen, zu dem der Tourismus ein großes Maß beiträgt. Sich der Gefahren des Tourismus für die Menschen der Gastländer bewußt zu sein und diese Gebiete nicht als Freilichtmuseen, sondern als den Lebensraum gleichberechtigter Menschen zu akzeptieren, wäre für den Reisenden, der sich die Südsee als Ziel ausgewählt hat, eine mögliche erste Konsequenz aus den vorangegangenen Überlegungen.

Frank von Berger

Die Südsee in der Literatur

Die Südsee mit allen ihr eigenen vielfältigen exotischen Reizen und Gefahren forderte die Schriftsteller immer wieder dazu heraus, Geschichten von Abenteurern oder Menschen auf der Suche nach dem irdischen Glück in diese Region zu verlegen. Viele der Autoren haben die Inselwelt des Pazifiks selbst bereist und können so auf eigene Erfahrungen zurückgreifen. In dieser Literatur spiegeln sich sowohl die Sehnsüchte der Europäer wie auch die Konflikte, die sich durch die Kontakte zwischen ihnen und den Bewohnern der Südseeinseln ergeben.

In dem 1719 erschienenen ersten modernen englischen Roman „Das Leben und die unerhörten Abenteuer des Robinson Crusoe" beschreibt der Autor Daniel Defoe (1660–1731) die Erlebnisse eines Schiffbrüchigen, der 28 Jahre auf einer atlantischen Insel zuerst allein lebt und später mit seinem Diener Freitag, den er aus den Händen von Kannibalen befreit, die Robinsons Insel gelegentlich aufsuchen, um dort ihre Opfer zu schlachten und aufzufressen.

Der Roman beruht auf dem tatsächlichen Schicksal des Seemanns Alexander Selkirk, der auf einer pazifischen Insel gestrandet war und das 1709 in England großes Aufsehen erregte. Mit journalistischer Reportagetechnik und Detailgenauigkeit erscheint Defoes Roman authentisch. Dabei vermittelt die Geschichte von Robinson ein puritanisches Weltbild aus der Zeit der englischen Aufklärung: Robinson soll veranschaulichen, daß durch Disziplin, Gottvertrauen und den gesunden Menschenverstand sogar aussichtslose Situationen zu meistern sind. Nicht ohne Ironie wird im Verhalten Robinsons die damalige englische Gesellschaft gespiegelt. Ebenso deutlich offenbart sich aber auch die Einschätzung des „Wilden" durch einen Europäer wie Defoe, der selbst niemals außereuropäische Länder bereiste.

Das brachte mich auf ganz neue Gedanken, denn ich dachte sofort, sie könnten Leute von dem Schiff sein, das an meiner Insel, wie ich sie jetzt nannte, gestrandet war, und die, nachdem das Schiff auf die Klippen geworfen wurde und sie sahen, daß sie hier sicher verloren wären, sich in ihrem Boot gerettet hatten und an der öden Küste bei den Wilden gelandet waren.

Darauf fragte ich ihn noch eindringlicher, was aus ihnen geworden wäre. Er versicherte mir, daß sie bei ihnen lebten; daß sie nun gegen vier Jahre dort verbracht hätten; daß die Wilden sie allein ließen und ihnen zu essen gäben. Ich fragte ihn, wie es denn käme, daß sie sie nicht getötet und aufgefressen hätten. Er sagte: „Nein, sie machen Bruder mit ihnen", das heißt, soviel ich verstand, sie hätten Frieden geschlossen; dann fügte er hinzu: „Sie essen nicht Mann, nur wenn sie Krieg machen", das heißt, sie fraßen keine Menschen als die, mit denen sie gekämpft und die sie in der Schlacht gefangen hatten.

Längere Zeit nach diesem Gespräch standen wir einmal auf dem Gipfel jenes Hügels auf der östlichen Seite der Insel, von dem aus, wie gesagt, ich an einem klaren Tag das Festland oder den amerikanischen Kontinent gesehen hatte. Da auch jetzt das Wetter klar war, blickte Freitag scharf nach dem Festland hinüber und fing plötzlich wie in freudiger Überraschung zu springen und zu tanzen an und rief mich, der ich etwas abseits stand, laut zu sich. Ich fragte ihn, was los wäre. „O Freude!", sagte er „da sieh mein Land, da mein Volk!"

Ich sah, wie eine große Freude sich in seinem Gesicht ausbreitete; seine Augen glänzten, man konnte ihm eine seltsame Aufregung ansehen, als ob er gerne wieder in seiner Heimat wäre. Das machte mich sehr nachdenklich, und es war mir mit meinem Diener Freitag nicht mehr so wohl wie früher. Ich zweifelte nicht,

Robinson Crusoe.

daß Freitag, wenn er zu seinem eigenen Volk zurückkehren könnte, seine ganze Religion ebenso vergessen würde wie seine Pflicht gegen mich; offenherzig, wie er war, würde er seinen Landsleuten von mir berichten und mit hundert oder zweihundert von ihnen zurückkommen, um ein Festessen aus mir zu machen, das er ebenso genießen würde wie die Festessen, die sie aus ihren im Krieg gefangenen Feinden machten.

Aber ich tat dem ehrlichen Burschen sehr unrecht, was ich nachher tief bereute. Da aber mein Argwohn jetzt noch zunahm und mehrere Wochen lang anhielt, war ich vorsichtiger und nicht so vertraulich und freundlich mit ihm wie bisher; und auch darin war ich sicherlich im Unrecht, denn der ehrliche, dankbare

Mensch hatte gewiß keinen derartigen Gedanken, sondern dachte und handelte immer nur nach den besten Grundsätzen als frommer Christ und als dankbarer Freund, wie sich's später zu meiner völligen Beruhigung erwies.

Solange aber mein Verdacht anhielt, darf man mir glauben, daß ich ihn jeden Tag gründlich ausfragte, ob ich nicht mehr von den neuen Absichten erfahren könnte, die ich in ihm vermutete. Aber alles, was er sagte, war so aufrichtig und unschuldig, daß mein Verdacht keine Nahrung fand, und so war ich trotz aller Besorgtheit schließlich wieder ganz auf seiner Seite. Auch bemerkte er nicht im geringsten meine Unruhe, konnte also auch nicht die Absicht haben, mich zu täuschen.

Als wir eines Tages wieder diesen Hügel hinaufgingen, aber wegen des dunstigen Wetters das Festland nicht sehen konnten, rief ich ihn zu mir und sagte: „Freitag, möchtest du nicht wieder in deine Heimat, zu deinem Volk zurück?" – „Ja", sagte er, „O ich bin so froh bei mein Volk." – „Was würdest du dort tun?" sagte ich, „würdest du wieder roh und wild werden, Menschenfleisch essen und ein Wilder sein wie zuvor?" Hierüber schien er ganz bekümmert, schüttelte den Kopf und sagte: „Nein, nein, Freitag sagt ihnen, gut leben, Gott beten, sagt ihnen, Brot essen, Tierfleisch, Milch, nicht Mensch." – „Wie aber", sagte ich, „wenn sie dich dann totschlagen?" Er blickte ernst vor sich hin und sagte dann: „Nein, sie töten nicht mich, sie gern Liebe lernen." Damit meinte er, sie würden gern von ihm lernen. Er fügte hinzu, sie hätten viel von den bärtigen Männern, die im Boot gekommen waren, gelernt.

Dann fragte ich ihn, ob er zu ihnen zurückkehren wollte. Darauf lächelte er und sagte, er könne nicht so weit schwimmen. Ich sagte, ich würde ein Kanu für ihn machen. Darauf sagte er, er würde nur mit mir zurückkehren. „Wenn ich gehe", sagte ich, „so werden sie mich fressen, wenn ich dort bin." – „Nein, nein", sagte er, „ich mache sie dich nicht essen; ich mache sie dich sehr lieben." Er meinte, er würde ihnen erzählen, wie ich seine Feinde getötet und sein Leben gerettet hatte, und so würden sie mich seinetwillen lieben. Dann beschrieb er, wie freundlich sie zu den siebzehn Weißmännern, oder Bartmännern, wie er sie nannte, gewesen seien.

Daniel Defoe:
„Das Leben und die unerhörten Abenteuer des Robinson Crusoe"

Stevenson (in der Mitte, sitzend) in Vailina (Samoa).

Der schottische Schriftsteller Robert Louis Stevenson (1850–1894), Autor der „Schatzinsel", bricht 1888 zu einer Reise in die Südsee auf, weil er sich davon eine Besserung seines Lungenleidens erhofft. Nachdem er zahlreiche Atolle und Inseln besucht hat, läßt er sich Ende 1889 auf Samoa nieder. Er schildert die tropische Inselwelt kurz vor ihrer Vereinnahmung durch die abendländische Zivilisation in mehreren Essays. Trotz der Sympathie, die Stevenson den Inseln und ihren Bewohnern entgegenbringt, verzichtet er darauf, ein verklärendes Bild der Inseln zu zeichnen.

Anders als in der „Schatzinsel", die er schrieb, bevor er selbst die Südsee kennenlernte, beschreibt er in seinem Bericht von den Marquesas-Inseln die Landschaft und die Menschen aus einer teilnehmenden Beobachterposition heraus.

Die erste Erfahrung läßt sich niemals mehr wiederholen. Die erste Liebe, der erste Sonnenaufgang, die erste Südseeinsel sind Erinnerungen eigener Art und rühren an eine Jungfräulichkeit der Empfindungen. Am 28. Juli 1888 war der Mond gegen vier Uhr morgens bereits seit einer ganzen Stunde untergegangen. Im Osten kündigte eine strahlende lichte Stelle den Tag an, und darunter am Horizont stieg die morgendliche Wolkenbank bereits schwarz wie Tinte empor. Wir alle haben ja von der Schnelligkeit gelesen, mit der in niederen Breiten der Tag kommt und schwindet. Das ist eine Tatsache, in der sich der wissenschaftliche und der sentimentale Reisende einig sind und die den Anlaß zu einigen geschmackvollen Dichtungen gegeben hat. Sicherlich wechselt die Dauer, aber hier soll ein einzelner Fall genau geschildert werden. Obwohl die Dämmerung so seit vier Uhr anbrach, war die Sonne erst um sechs Uhr aufgegangen, und erst um halb sechs vermochten wir die erwarteten Inseln in den Wolken des Horizonts zu unterscheiden. Acht Grad südlicher Breite und zwei Stunden, bis der Tag da ist! An Deck verging die Zeit in schweigender Erwartung, die gewohnte Erregung einer Landung wurde gesteigert durch die Fremdartigkeit der Küsten, denen wir uns da näherten. Langsam nahmen sie nun in der schwindenden Dunkelheit Gestalt an. Ua-huna, das zu einem abgestumpften Gipfel aufragte, erschien als erstes an Steuerbord vor dem Bug. Fast querab erhob sich in Wolken gehüllt unser Ziel Nuka-hiva. Dazwischen und südwärts zeigten sich in den ersten Sonnenstrahlen die Spitzen von Ua-pu. Wie die Zinnen einer verzierten riesenhaften Kirche ragten sie über die Linie des Horizonts. Im funkelnden Morgenlicht standen sie dort, das richtige Aushängeschild einer Wunderwelt.

Keine Seele an Bord der „Casco" hatte je einen Fuß auf die Inseln gesetzt oder kannte, wenn nicht zufällig, ein Wort von der Inselsprache, und vielleicht erfüllte uns das gleiche ängstliche Vergnügen, das die Brust der Entdecker erregt, als wir uns diesen rätselhaften Küsten näherten. Wellig erhob sich das Land in Gipfeln und aufsteigenden Tälern. Es fiel ab in Klippen und Strebepfeilern, seine Farben durchliefen fünfzig Schattierungen in einer Skala von Perlweiß, Rosenrot und Oliv, und es wurde gekrönt von opalisierenden Wolken. Die ineinander verfließenden unbestimmten Farbtöne täuschten das Auge, die Schatten der Wolken vermischten sich mit den Umrissen der Berge, und die Insel erhob sich mit ihrem ätherischen Baldachin schimmernd vor uns wie eine zusammenhängende Masse. Keine Bake, kein Rauch einer Stadt, kein kreuzender Lotse waren zu entdecken. Irgendwo in dieser fahlen Phantasmagorie von Felsen und Wolken lag unser Hafen verborgen, und irgendwo ostwärts davon die einzige bekannte Seemarke, ein gewisses Vorgebirge, irgendwie geläufig unter der Bezeichnung Kap Adam-und-Eva oder Jack-and-Jane und auszumachen an zwei kolossalen Figuren, groben Bildhauerkunstwerken der Natur. Die also mußten wir finden. Nach diesen reckten wir die Hälse und starrten wir, richteten unsere Ferngläser und stritten über den Karten. Und die Sonne stand über unseren Köpfen, und das Land lag dicht vor uns, ehe wir sie fanden. Für ein wie die „Casco" von Norden herankommendes Schiff erwiesen sie sich tatsächlich als die unauffälligste Markierung an einer sonst so auffälligen Küste. Hoch sprang die Brandung an ihrem Fuß hinauf, seltsame starre und gefiederte Berge stiegen dahinter empor, und Jack-and-Jane oder Adam-und-Eva hingen wie ein Paar Warzen über den Brechern.

Von dort drehten wir ab, die Küste entlang. Backbords hörten wir das Donnern der Brandung, ein paar Vögel flogen fischend unter dem Bug vorüber. Kein anderer Laut oder ein Lebenszeichen von Mensch oder Tier waren in diesem Teil der Insel zu bemerken. Beflügelt von ihrer eigenen Fahrt und der absterbenden Brise glitt die „Casco" dahin, gab den Blick frei in eine kleine Bucht, zeigte uns einen

Strand und ein paar grüne Bäume und fuhr, sich in der Dünung wiegend, wieder vorüber. Aus unserer Entfernung gesehen, glichen die Bäume Haselnußsträuchern, der Strand hätte in Europa liegen, die Berge dahinter im kleinen den Alpen nachgebildet und der Wald, der auf ihren Hängen wuchs, nicht größer als unsere schottische Heide sein können. Wieder öffneten sich die Felsen, aber jetzt zu einer tieferen Einfahrt, die „Casco" drehte in den Wind und begann in die Bucht von Anaho einzulaufen. Die Kokospalme, diese Giraffe unter den Pflanzen, so graziös, so linkisch, so fremdartig für das Auge des Europäers, wurde am Strande in Gruppen wachsend und sich an den steilen Flanken der Berge hinaufziehend und sie umsäumend sichtbar. Rauhe und kahle Berge umgaben die Einfahrt auf beiden Seiten. Landwärts war sie von einer Gruppe einzelner Höhen begrenzt. Horstend und nistend wie Vögel auf einer Ruine wucherte der Wald in jeder Spalte dieser Barriere, und weiter hinauf begrünte und überwuchs er die rasiermesserscharfen Grate der Gipfel.

Unter dem Ostufer begann unser Schoner nun ohne die Hilfe einer Brise hineinzugleiten. Einmal in Fahrt, schien das kluge Schiff sich aus eigener Kraft weiterzubewegen. Nicht weit von Bord erscholl das Blöken junger Lämmer. Ein Vogel sang am Berghang. Der Duft des Landes und von hunderterlei Früchten und Blüten wehte uns entgegen. Bald wurden ein paar Häuser sichtbar, die oben am Fuß der Berge standen, und eins davon war offenbar von einem Garten umgeben. Diese seltsamen Wohnungen, dieses Stückchen Kultur war – hätten wir das nur gewußt – ein Zeichen für die Anwesenheit von Weißen, und wir hätten hundert Inseln anlaufen können, ohne dergleichen anzutreffen. Es dauerte etwas länger, ehe wir das Eingeborenendorf entdeckten, das – in der allgemein übli-

Fischer auf Samoa.

chen Form – nicht weit entfernt an einer Bucht des Strandes direkt in einem Palmenhain lag. Vor ihm brach sich mit weißem Gischt die See an einem gewölbten Riffbogen. Denn wie die Kokospalme liebt auch der Inselbewohner die Brandung und lebt in ihrer Nähe. „Die Koralle wächst, die Palme gedeiht, aber der Mensch vergeht!“ sagt das traurige tahitische Sprichwort. Alle aber sind sie, solange sie leben, gemeinsam Nachbarn des Strandes. Die Ankermarke war ein Luftloch in den Felsen in der Nähe der Südostecke der Bucht. Pünktlich für unseren Zweck spritzte das Loch. Der Schoner drehte bei, und der Anker fiel. Es war ein kleines Geräusch, aber ein großes Ereignis. Mit diesem Ankertau ging meine Seele hinab dorthin, wo sie kein Gangspill wieder heraufhieven und kein Taucher sie wieder auffinden konnte, und mit einigen meiner Schiffskameraden war ich von dieser Stunde an Viviens Inseln hörig.

Robert Louis Stevenson:
„In der Südsee“

Friedrich Gerstäcker (1816–1872) bereiste um die Mitte des 19. Jahrhunderts die USA, Südamerika, Australien und die Südsee. In seinen exotischen Romanen kombinierte er gut beobachtete Landschaftsbeschreibungen mit konventionellen Handlungen, was ihm oft den Ruf von Trivialität einbrachte. In seinem 1854 geschriebenen Südsee-Roman „Tahiti“ erzählt er die Geschichte des Franzosen René und der Polynesierin Sadie.

(Sadie) war ein junges bildschönes Kind von vielleicht sechzehn Jahren, schlank gewachsen wie die Palme ihrer Wälder, aber mit vollem, rundem Gliederbau; die rabenschwarzen, mit wohlriechendem Cocosöl getränkten Locken wild um die braune Stirn flatternd, und die schönen großen, dunkeln Augen halb ängstlich, halb mitleidig auf den jungen Mann geheftet. Sie war nach Art der übrigen Mädchen gekleidet: ein Lendentuch von farbigem Kattun, das ihr bis auf die feingeformten Kniee niederging, schloß sich ihr dicht um die Hüften, und ein anderes Tuch war nur lose über die linke Schulter gehangen und auf der rechten mit einem Knoten locker zusammengehalten, den rechten Arm vollkommen nackt und zu freier Bewegung lassend. In den vollen Locken trug sie einen dünnen Kranz weißer und rother Blüthen, mit den Fasern des Cocosblattes fest zusammengebunden, in den Ohren aber zwei der großen weißen duftenden Sternblumen, und wie sie dort stand auf dem bröckeligen Gestein, um das sich dicht hinter ihr die vollen dunkeln Büsche schmiegten, den linken Arm um die dünne Casuarine geschlungen, die sie da oben auf ihrer etwas gefährlichen Stelle stützte, glich sie eher einer lauschend aus dem Dickicht gebrochenen Waldnymphe, als einem einfachen, schlichten Kind dieser Inseln. (...)

Sie scherzte und lachte, erzählte dem Freunde tausend drollige Geschichten, beschrieb ihm ihre früheren Tänze und Gebräuche, auch das schöne Tahiti drüben, wo ihre Eltern gewohnt und wo jetzt fremde Menschen Haß und Feindschaft gesäet um Gottes willen, und führte ihn dabei einen schmalen Pfad entlang, unter überhängenden Cocospalmen hin und durch fruchtbedeckte Guiaven, Orangen und Brodfruchtbäume nach einem andern kleinen Gründstück, das zu einer Art Gemüsegarten eingerichtet schien, aber auch mit einer Masse Fruchtbäumen, wie tappotappos, Kaffee, Zuckerrohr, Bananen und anderen bepflanzt war.

Mit der unbedeutendsten Arbeit gab die Erde hier das Hundertfache des ihr anvertrauten Samens zurück und René glaubte in seinem Leben kein schöneres, herrlicheres Land gesehen zu haben, als diese kleine Insel. Oh wie gern hätte er jetzt zu dem Mädchen von ihrer künftigen Heimath gesprochen, aber als ob sie fühle, daß solche Gedanken in ihm aufsteigen möchten, lenkte sie ihn rasch und geschickt wieder davon ab, zeigte ihm und pflückte für ihn die verschiedenen saftigen Früchte, und führte ihn zuletzt an den Strand hinunter, wo in einer natürlichen kleinen Bai ein schmales langes Canoe lag. Dies bestiegen sie und fuhren hinaus in das spiegelglatte und krystallhelle Binnenwasser, das durch die außenherumlaufenden Riffe vor jeder eindringenden See geschützt war, und so still und friedlich in nie gestörter Ruhe lag, wie diese schönen Inseln bis jetzt selber im weiten Ocean lagen.

René hatte früher noch nie die Bildung dieser Korallenbäume, tief unter dem klaren Wasser, gesehen, und er traute seinen Augen kaum, als sich an mehreren Stellen, zu denen ihn Sadie jetzt selber hinruderte, in Farbenspiel und Form eine ganz neue, nie geahnte Welt vor ihm öffnete. Er konnte sich nicht satt sehen an den mit Zauberschnelle wechselnden Gruppen und Bildern, und Sadie hatte eine ordentlich kindische Freude darüber.

„Nun Dir das so gefällt", sagte sie endlich lächelnd, „will ich Dich auch zu meinem Korallengarten bringen und Dir meine kleinen Gold- und Silberfischchen zeigen; die darfst Du mir aber nicht mit der Hand oder dem Ruder scheu machen, denn es sind gar furchtsame kleine Dinger." Und während sie noch sprach, lenkte sie das Canoe weiter den Riffen zu, über die tiefe, dunkelblau daliegende Seitenfahrt, in der selbst große Boote die ganze Insel umsegeln konnten, bis wieder in flacheres Wasser hinein, wo dunkelbraune und röthlich graue Korallenbäume an vielen Stellen selbst bis zur Oberflache des Wassers emporragten und dann wieder, von dunnen, feineren Zweigen und Armen durchwachsen, verhältnismäßig tiefere Stellen zwischen sich ließen oder sie umgaben.

Ueberall wimmelte es hier von kleinen blauen, gelben, weißen, rothen, gestreiften und gefleckten

Fischchen; in Schaaren und einzeln schwammen sie herum, oft, als ob ein Blitz zwischen sie eingeschlagen hätte, auseinander schießend, wenn sie irgendwo nur Gefahr zu entdecken glaubten, aber dann auch gleich wieder, wie über ihre unbegründete Furcht beschämt, sich sammelnd und die erst unterbrochenen Spiele auf's Neue beginnend.

René wollte hier mit dem Canoe kurze Zeit still liegen, dem wunderlichen Treiben da unten zuzuschauen, aber Sadie ließ ihn nicht – „Nur noch kurze Strecke", bat sie, „dann sollst Du Dich satt sehen an all' den Herrlichkeiten der Tiefe." Und das Ruder stärker einsetzend, trieb sie das leichte Fahrzeug rasch durch die vorn am Bug leicht aufkräuselnde Fluth einer Stelle zu, wo ein starker Korallenzweig eben über die Oberfläche des Wassers vorragte. Hier hielt sie plötzlich an, und den Zweig erfassend, rief sie René zu, den Stein, der vorn, an einem Bastseil befestigt, im Bug liege, hier hinaus und oben auf die Koralle zu werfen. René that dies, und sie brachten dadurch das Canoe förmlich vor Anker, das nun mit der schwachen Strömung, so weit es das Bastseil gestattete, still liegen blieb. Eine kleine Weile konnte René aber noch nichts unter sich erkennen; das Wasser war noch nicht ruhig genug und die kleine Fischwelt da unten durch das plötzliche Erscheinen des Bootes gestört worden ( )

Die Korallenbäume schienen hier einen vollkommen dichten Kranz zu bilden, der, von unten aufsteigend, erst nach außen ein wenig abneigte und sich dann an manchen Stellen bis selbst zur Oberfläche des Wassers gerade emporhob. Der innere Raum mochte vielleicht zwanzig Fuß im Durchmesser halten, und das Ganze glich fast einer aufgebrochenen Riesenblume, die aus ihrem innersten Kelch bunte zackige Fasern ausschickte.

Aber die Blume lebte – hier und da, tief unten aus dem Kelch heraus, kamen ein paar kleine Fischchen aufgeschossen, als wenn sie recognosciren wollten, ob die Gefahr vorüber sei – das dunkle Canoe, das mit seinem Schatten auf dem Wasser lag, machte sie vielleicht noch mißtrauisch – aber nicht lange mehr. – Sie verschwanden wieder, und gleich darauf quoll es aus allen Winkelchen und Spalten heraus in Schaaren und Massen – alle Farben wild und bunt durcheinander, auf und nieder fahrend, herüber und hinüber schießend.

„Eita, eita!" rief da Sadie – „iti iti iti" – und zu gleicher Zeit warf sie kleine Krumen indessen zerbröckelter Brodfrucht auf die Oberfläche des Wassers. Im Nu lebte dies, von allen Seiten schossen sie herauf, fünf, sechs manchmal eine etwas größere Krume fassend und damit niedertauchend, andere an einem etwas zu großen Stück herumstoßend, ohne im Stande zu sein es zu bewältigen, und wieder andere sich mit dem kleinsten begnügend und wohl dabei fahrend.

Mit der wiederkehrenden Ruhe waren aber auch, und zugleich mit den kleinen wunderniedlichen Bewohnern dieses eigenthümlichen Aufenthaltes, deren Feinde zurückgekehrt. – Zwei große dunkelbraune Fische, mit breiten Mäulern und tückisch blitzenden Augen, wohl ganze zwölf Zoll lang, für die kaum fingerlangen zierlichen Dinger aber natürlich entsetzliche Ungeheuer, kamen an den äußeren Rand der Blume, deren Spalten zu schmal waren, um sie durchzulassen. Die kleinen Dinger schienen auch recht gut zu wissen, daß ihnen der Feind hier im Innern nichts anhaben könne, ausgenommen, er kam von oben herein, und dann waren sie auch wie der Blitz in ihren Schlupfwinkeln.

Manchmal wagte sich wohl, selbst dicht hinter oder über den Feind, ein leichtsinniges Fischchen hinaus in's Freie, gerade als ob es das Ungeheuer verhöhnen wolle; ehe dieses aber nur im Stande war sich nach ihm umzuwenden, obgleich das oft rasch genug ging, war jenes schon wieder zwischen die zackigen Palissaden hineingeschlüpft.

So trieben sie hier draußen, in den Wundern dieser für René jedenfalls neuen, fast zauberhaften Welt, bis die Sonne groß und glühend in das Meer tauchte und Stern nach Stern am reinen Himmel auffunkelte, und Sadie erzählte dem ihr gegenübersitzenden Freund von dem stillen Frieden dieses Landes und dem glücklichen Leben, das die Bewohner desselben führen könnten – wären nicht oft böse Menschen da, die sie störten und kränkten und Leidenschaften in ihnen weckten, die ihnen in früheren Zeiten fremd gewesen.

René hätte die Nacht hindurch diesen lieben weichen Tönen lauschen mögen, aber das junge Mädchen lenkte endlich, trotz seinen Bitten noch nicht heimzukehren, das Canoe zum Lande zurück. (...)

Friedrich Gerstäcker:
„Tahiti"

Als erster europäischer Künstler entschloß sich Paul Gauguin (1848–1903) in einer „primitiven" Kultur zu leben, in der Hoffnung, zu den Ursprüngen des Lebens und der Kunst vorzudringen. Er reiste 1891 nach Tahiti, im Glauben, von den Fesseln der Zivilisation befreit zu sein, die ihn jedoch schon bald in Gestalt von Kolonialbeamten, Missionaren, Geldnöten und finanzieller Abhängigkeit von eben dieser gehaßten Zivilisation einholen sollte. 1901 siedelte er deshalb auf die Marquesas-Inseln um, wo er 1903 starb. Nur in seinen Gemälden, die Projektionen seiner Wünsche und Träume sind, überlebt das polynesische Paradies. In einem Brief an seine Frau Mette, die er in Europa zurückließ, schilderte er seine ersten Eindrücke.

Tahiti, Juli 1891.

Meine liebe Mette!
Ich beginne meinen Brief, bevor die Post eintrifft, um nicht in Druck zu kommen. Ich bin immer lässig im Schreiben, besonders, wenn ich einen bestimmten Termin einhalten muß. Nun sind es schon 20 Tage her, seit ich hier angekommen bin, und ich habe schon so viel Neues gesehen, daß mir ganz wirr im Kopf ist. Ich brauche bestimmt noch einige Zeit, ehe ich ein wirklich gutes Bild malen kann. Ganz allmählich beginne ich damit. Jeden Tag ein paar Vorstudien. Der König starb wenige Tage nach meiner Ankunft. Mit den Leichenfeierlichkeiten mußte man warten, bis alle Bewohner Tahitis und der benachbarten Inseln die Nachricht erhalten hatten. Du kannst Dir nicht vorstellen, wie es bei dieser Beerdigung zuging. In Gruppen auf dem Rasen hockend, sangen die Männer

Nave Nave Fenua (Köstliche Erde); Holzschnitt von Paul Gauguin, 1897.

und Frauen aus den verschiedenen Dörfern abwechselnd ihre berühmten Hymnen, mehrstimmige, choralartige Gesänge. Das ging die ganze Nacht hindurch. Für jeden Musikliebhaber ein wahrer Ohrenschmaus. Denn dieses Volk ist außerordentlich begabt für die Musik. Zwei Melodien, die sich in der Höhe kreuzen, Männer- und Frauenstimmen, dann die Stimmen der Begleitung, seltsame Akkorde bildend. Eine Gruppe von männlichen Baßstimmen ahmt den Klang von Trommeln nach, nur um den eigenartigen Rhythmus zu halten. Nein, es ist ganz unmöglich, sich das vorzustellen. Eine unirdische Harmonie. Nicht einer singt einen falschen Ton. Die ganz mit Blumen bedeckte, von der Artillerie gestellte Lafette wurde von Maultieren gezogen, die in schwarze Netze gekleidet waren. An dem im Wald ausgehobenen Grabe angekommen, hielten die Geistlichen und die Häuptlinge Reden in der tahitischen Sprache. Es würde zu weit führen, alles zu erzählen. – Ich schreibe Dir am Abend. Das Schweigen der Nacht in Tahiti ist noch seltsamer als alles übrige. So etwas gibt es nur hier. Kein Vogelschrei durchbricht die Ruhe. Nur hier und dort fällt ein großes trockenes Blatt zur Erde. Aber auch das hört sich nicht an wie ein Geräusch, eher wie das Vorüberschweben eines Geistes.

Die Eingeborenen wandern oft des Nachts hin und her, aber mit nackten Füßen, lautlos. Immer dieses Schweigen! Ich begreife, warum diese Menschen stundenlang dasitzen können, ja, ganze Tage lang, ohne ein Wort zu sagen, schwermütig emporblickend zum Himmel. Ich fühle, wie mich das überwältigt, und auch mich überkommt eine wunderbare Ruhe. Es scheint, als ob die wirre Hast des Lebens in Europa gar nicht mehr da ist. Und morgen wird es ebenso sein und immerfort das gleiche bis ans Ende der Tage. Doch denke deswegen nicht, daß ich selbstsüchtig bin und Euch auf immer verlassen will. Aber laß mich nur eine Zeitlang so leben. Die mir Vorwürfe machen, wissen nicht, wie es in der Seele eines Künstlers aussieht. Warum wollen sie uns auferlegen, was sie als ihre Pflichten betrachten? Wir muten ihnen ja auch nicht zu, was für uns Pflicht ist. –

Maruru (Danke); Holzschnitt von Paul Gauguin, 1899.

Wie schön ist diese Nacht! Tausend Menschen geben sich heute nacht dem Leben hin, wie ich. Ihre Kinder wachsen auf, ganz von allein. Man wandert hin auf irgendwelchen Wegen in irgendein Dorf, schläft in einem gleich welchem Haus, ißt, wo immer es sei und sagt nicht einmal danke. Man würde ja mit der gleichen Selbstverständlichkeit die gleiche Gastfreundschaft üben. Und diese Menschen nennt man „Wilde"? Sie singen, sie stehlen niemals, meine Tür ist niemals verschlossen, sie begehen keinen Mord. Mit zwei Worten drücken sie alles aus: Iorama – – Guten Tag, Leb wohl, Danke – – und Onatu – – Was macht es schon! Und man nennt sie „Wilde"?! Der Tod des Königs Pomaré stimmt mich traurig. Tahiti wird nun ganz französisch werden, und mit der Zeit wird der alte Zustand der Dinge dahinschwinden. Unsere Missionare haben schon viel protestantische Heuchelei hierher verpflanzt und einen Teil der Poesie zum Verschwinden gebracht. Gar nicht zu reden von der Lustseuche, die die ganze Rasse befallen hat, ohne sie, meiner Treu, häßlicher zu machen. Du, die Du die schönen Männer liebst – – daran ist hier kein Mangel! Größer als ich und mit herkulischen Gliedmaßen. – Ich wollte, ich hätte Dein Gedächtnis, um schnell die Sprache zu lernen. Sehr wenige sprechen hier Französisch. Oft sage ich mir: Wenn Mette hier wäre – – da dauerte es nicht lange, und sie könnte tahitisch sprechen. Es ist übrigens nicht so schwer. – Ich lösche meine Lampe und küsse Dich zur guten Nacht. – Eben kommt die Post, ein wenig vor der Zeit. Ich wartete auf Nachricht. Nur ein paar Zeilen, die mir beweisen, daß man an mich denkt. Aber nichts! Vielleicht werde ich noch welche über Auckland bekommen. Man muß die Briefe am

6. des Monats abschicken, sonst irren sie in der Welt umher. Ich will so gern glauben, daß dies der Grund Deines Schweigens ist. Immer noch denke ich in zärtlicher Sehnsucht an Euch alle und küsse Euch. Ganz der Deine

Paul Gauguin.

„Taipi", der Roman des Moby-Dick-Autors Herman Melville (1819–1891) steht in der Tradition der Reiseliteratur von Cook und Bougainville, unterscheidet sich aber in seiner deutlich freieren Erzählform. Thematisiert wird die verheerende Wirkung der westlichen Zivilisation auf die Naturvölker der Südsee, die erst durch sie zu „Wilden" wurden.

Nie werde ich die Äußerung eines unserer Matrosen vergessen, als wir auf der Fahrt nach Nukuhiva langsam am Eingang dieser Bucht vorbeiglitten. Wir standen in Betrachtung der grünen Vorgebirge versunken, als Ned, die Hand nach dem verräterischen Tal ausstreckend, rief: „Da – da ist Taipi! Oh, diese verfluchten Kannibalen, was für eine Mahlzeit würden sie aus uns machen, wenn wir es uns einfallen ließen, zu landen! Aber Matrosenfleisch sollen sie nicht mögen, es wäre zu salzig! Was würdest du sagen, Steuermännchen, wenn du dort an Land gesetzt würdest, he?" Ich dachte nicht, als ich bei dieser Frage zusammenschauderte, daß ich wenige Wochen später wirklich in demselben Tal gefangensitzen würde.

Die Franzosen waren zwar an allen Hauptplätzen der Gruppe einige Stunden gewesen und hatten feierlich ihre Flagge aufgezogen, aber die Bucht von Taipi hatten sie noch nicht besucht, weil sie von seiten der Wilden wohl einen hartnäckigen Widerstand befürchten mochten, den sie im Augenblick noch zu vermeiden wünschten. Vielleicht waren sie bei dieser ungewöhnlichen Klugheit nicht ganz unbeeinflußt von der Erinnerung an den kriegerischen Empfang, den die Taipi ungefähr im Jahre 1814 dem Kapitän Porter bereiteten, als der tapfere und gediegene Offizier versuchte, den Stamm zu unterwerfen, nur um den tödlichen Haß der mit ihm verbündeten Nukuhiva und Happar zu befriedigen.

Damals soll eine beachtliche Abteilung Matrosen und Marinesoldaten von der Fregatte „Essex", begleitet von wohl zweitausend Kriegern aus Happar und Nukuhiva, in Booten und Kanus in der Bucht gelandet sein; sie stießen nach kurzem Vordringen in das Tal auf starken Widerstand der Bewohner. Hartnäckig verteidigten die Taipi jeden Zoll ihres Bodens, obgleich sie große Verluste hatten, und zwangen nach heftigem Kampf die Angreifer zum Rückzug und zur Aufgabe ihrer Eroberungsgelüste.

Diese trösteten sich auf ihrem Rückmarsch zur See über ihre Niederlage damit, daß sie jedes Haus und jeden Tempel am Weg in Brand setzten. Eine lange Linie rauchender Ruinen entstellte die einst lachende Schönheit des Tals und verkündete den heidnischen Bewohnern den Geist der christlichen Soldaten. Wer wundert sich nach solchen unverschuldeten Grausamkeiten noch über den tödlichen Haß der Taipi gegen alle Fremden?

Auf solche Art werden die Menschen, die wir „Wilde“ nennen, dazu gebracht, sich ihren Namen zu verdienen. Wenn die Bewohner einer abgelegenen Insel zuerst das „große Kanu“ der Europäer erblicken, das durch das blaue Wasser ihren Gestaden zustrebt, eilen sie in Scharen zur Küste hinab, um mit offenen Armen die Fremden zu empfangen. Verhängnisvolle Umarmung! Sie drücken die Viper an die Brust, deren Stich all ihre Freuden verderben soll; ihre instinktmäßige Liebe wird bald in bittersten Haß verwandelt.

Die Ungeheuerlichkeiten, die in der Südsee an den harmlosen Insulanern verübt wurden, sind fast nicht zu glauben. Solche Dinge werden zu Hause selten erzählt, sie gehen am Ende der Welt vor sich, in einem Winkel, wo niemand ist, der sie aufdeckt. Aber es gibt manchen kleinen Händler, dessen Kurs im Stillen Ozean von Insel zu Insel verfolgt werden kann auf den Spuren einer Reihe kaltblütiger Räubereien, Menschenraube und Morde, deren Schlechtigkeiten genügen würden, das schuldbeladene Schiff mit Recht auf den Grund des Meeres zu versenken.

Zuweilen dringen ungeheure Berichte von solchen Dingen bis in die Heimat, und wir bezeichnen sie kühl als unrecht, unklug, unnötig streng und gefährlich für die Mannschaften anderer Schiffe. Wie anders ist der Ton, wenn wir die hochgespannten Berichte über die Niedermetzelung der Mannschaft des „Hobomak“ durch die Fidschis lesen. Wie bedauern wir die armen Opfer und mit welchem Abscheu betrachten wir die teuflischen Heiden, die sich im Grunde genommen nur für die vielen Greuel gerächt haben, die man ihnen unverdient angetan hat. Wir schnauben vor Rache, wir rüsten Schiffe aus und fahren Tausende von Meilen über den Ozean, um die Sünder summarisch zu bestrafen. Nach ihrer Ankunft am Bestimmungsort brennen, schlachten und zerstören sie genau nach ihren schriftlichen Instruktionen, und wenn sie den Schauplatz der Verwüstung verlassen, rufen sie die ganze Christenheit zum Beifall für ihren Mut und für ihre Gerechtigkeit auf.

Wie oft wird der Name „Wilde“ falsch angewandt! Bis jetzt hat noch kein Reisender zu Wasser oder zu Lande Menschen entdeckt, die ihn wirklich verdienten. Die Weißen haben Heiden und Barbaren gefunden, die sie durch schauerliche Grausamkeiten erst zu Wilden gemacht haben. Ich kann, ohne Widerspruch befürchten zu müssen, behaupten, daß in allen Fällen, in denen Polynesier Ausschreitungen begingen, Europäer irgendwann damit den Anfang gemacht hatten, und die blutdurstige und grausame Art einiger Insulaner ist nur solchen Beispielen zuzuschreiben.

Herman Melville: *„Taipi“*

Joseph Conrad (eigentlich Josef T. Konrad Nalecz Korzeniowski; 1857–1924), der bereits mit 17 Jahren zur See fuhr und als Kapitän den Kongo und die malaiischen Inseln bereiste, schöpfte in seinen exotischen Romanen aus seinem reichen Erfahrungsschatz.

In seinem ersten, zwischen 1889 und 1894 entstandenen Roman „Almayers Wahn" beschreibt er mit großer sprachlicher Brillanz das Leben und den Abstieg eines holländischen Handelsvertreters, der allein mit seiner malaiischen Frau und seiner Tochter an den Ufern eines tropischen Flusses lebt.

(Almayer) sah stromaufwärts und bemerkte dann ruhig:

„Wieder ein Gewitter. Nun schön! Heute nacht wird mich gewiß kein Donner wach halten! Schlaf gut, meine Kleine", flüsterte er zärtlich und küßte ihre Wange, „heute abend siehst du nicht gerade glücklich aus, aber morgen wirst du schon ein freundliches Gesicht machen, nicht wahr?"

Nina hatte unbewegt ihrem Vater zugehört und blickte aus halbgeschlossenen Augen immer noch in die Nacht hinaus, die nun durch schwere Gewitterwolken noch dichter geworden war, welche langsam von den Bergen her herübertrieben, die Sterne auslöschten und Himmel, Wälder und Fluß zu einer Masse von fast greifbarer Schwärze zusammenschmolzen. Die schwache Brise war erstorben, aber entferntes Donnergrollen und bleiche Blitze kündigten das nahende Unwetter an. Mit einem Seufzer wandte das Mädchen sich zum Tisch um.

Almayer lag schon halb schlafend in seiner Hängematte.

„Nimm die Lampe, Nina", murmelte er schläfrig. „Es wimmelt hier von Moskitos. Geh schlafen, Tochter."

Aber Nina löschte die Lampe und trat wieder an das Geländer der Veranda. Sie umschlang einen der hölzernen Pfosten und sah erwartungsvoll auf den Pantai hinaus. Und reglos dastehend in der drückenden Stille der tropischen Nacht, erblickte sie bei jedem Blitz den Wald auf beiden Ufern des Stromes, die Bäume, die sich vor den wilden Windstößen neigten, den Oberlauf des Flusses, dessen Wasser zu weißem Schaum aufgepeitscht wurde, und die schwarzen Wolken, die zu phantastisch geformten Fetzen zerrissen, niedrig über den schwankenden Wipfeln dahinjagten. Um sie her war alles noch still und friedlich, aber in der Ferne konnte sie das ziehende Brausen, das Zischen der schweren Regentropfen und das Klatschen der Wellen des gequälten Flusses hören. Es kam näher und näher, begleitet von lauten Donnerschlägen und langen, lebhaft zuckenden Blitzen, auf die kurze Augenblicke bedrohlicher Schwärze folgten. Als das Gewitter die niedrige Landzunge erreichte, die den Fluß teilte, zitterte das ganze Haus, und der Regen prasselte laut auf das Dach von Palmblättern. Der Donner sprach in einem einzigen, unablässigen Rollen, und unaufhörliche Blitze ließen das hochgepeitschte Wasser, die treibenden Stämme und die großen Bäume erkennen, die sich unter dem brutalen, unbarmherzigen Zugriff bogen.

Ruhig und ungestört vom abendlichen Regenmonsun schlief der Vater, vergessen Hoffnungen und Fehlschläge, vergessen Freunde und Feinde; die Tochter stand reglos und spähte beim Schein der Blitze besorgt und verlangend über den breiten Fluß.

Joseph Conrad:
„Almayers Wahn"

William Somerset Maugham (1874–1965) schildert in seinem Roman „Betörende Südsee" von 1921 das Schicksal eines Briten, der in der Ehe mit einer Mischlingsfrau auf schmerzhafte Weise erkennen muß, wie fremd sich die verschiedenen Kulturen sind.

Manchmal kamen ein, zwei Männer vom Hotel herüber und verbrachten den Abend bei ihnen, und oft an Sonntagen gingen sie zu irgendeinem Pflanzer, der mit einer Eingeborenen verheiratet war. Hie und da gab einer von den Halbbluthändlern, die Läden in Apia hatten, eine Gesellschaft, wohin sie eingeladen wurden. Die Mischlinge behandelten Lawson jetzt ganz anders. Seine Heirat hatte ihn zu einem der Ihren gemacht, und sie nannten ihn Bertie. Sie schoben ihren Arm durch den seinen und gaben ihm einen Klaps auf den Rücken. Er sah Ethel gerne auf diesen Einladungen. Ihre Augen strahlten, und sie lachte viel. Es tat ihm gut, ihre leuchtende Freude zu sehen. (...)

Dann gebar Ethel einen Sohn.

Als Lawson zum erstenmal das Kind im Arm hielt, fuhr ihm ein Schrecken durch das Herz. Er hatte nicht gedacht, daß es so dunkel sein werde. Schließlich hatte es nur ein Viertel Eingeborenenblut, und es bestand eigentlich kein Grund, warum es nicht wie jedes englische Kind aussehen sollte. Aber wie es so zusammengekrümmt und bleich in seinem Arm lag, den Kopf bereits mit schwarzen Haaren bedeckt, die riesigen schwarzen Augen weit geöffnet, hätte es auch ein Eingeborenenbaby sein können. Seit seiner Heirat hatten die weißen Damen der Kolonie ihn ignoriert. Wenn er Männer traf, in deren Haus er als Junggeselle oft zu Gast gewesen war, versuchten sie, den peinlichen Augenblick durch übertriebene Herzlichkeit zu überbrücken. (...) Erst hatte Lawson darüber gelacht. (...)

Jetzt aber ärgerte es ihn doch.

Da war dies kleine dunkle Baby, sein Sohn. Er dachte an die Mischlingskinder in Apia. Sie sahen nicht gesund aus, waren gelblich und bleich und erschreckend frühreif. Er hatte sie auf der Fahrt zur Schule in Neuseeland gesehen, und zwar einer besonderen Schule, die Kinder mit Mischblut aufnahm. Zusammengedrängt saßen sie beieinander, frech und doch schüchtern, mit Zügen, die sie unverkennbar von den Weißen absonderten. Unter sich redeten sie in der Sprache der Eingeborenen. Als Erwachsene bekamen die Männer geringeren Lohn auf Grund ihres dunklen Blutes; die Mädchen konnten Weiße heiraten, die Männer aber hatten keine Chancen. Sie mußten sich mit Mischlingen oder Eingeborenen zusammentun. Lawson beschloß voller Empörung, seinem Sohn ein solches Leben der Demütigung zu ersparen. Koste es, was es wolle, er mußte zurück nach Europa. Und als er hineinging, um Ethel zu sehen, die, umringt von eingeborenen Frauen, zart und lieblich dalag, festigte sich sein Entschluß. Zu Hause bei seinen eigenen Leuten konnte sie ihm noch mehr angehören. Er liebte sie leidenschaftlich und wollte, daß sie eine Seele und ein Leib mit ihm sei. Und ihm war bewußt, daß sie ihm hier, wo sie tief mit dem Leben der Eingeborenen verwurzelt war, stets etwas vorenthalten werde. (...)

Fünf bis sechs Wochen dauert es, bis ein Brief von Aberdeen nach Samoa kommt, und mehrere mußten gewechselt werden. Er hatte also Zeit genug, Ethel vorzubereiten. Sie war von dieser Idee entzückt wie ein Kind. (...)

Als schließlich ein Telegramm kam, das ihm einen Posten in der Bank von Kincardineshire anbot, war sie außer sich vor Freude.

Als sie sich nach der langen Reise in der kleinen schottischen Stadt mit ihren Granithäusern niedergelassen hatten, wurde es Lawson erst klar, wieviel es ihm bedeutete, wieder unter seinesgleichen zu leben. Er schaute auf die drei Jahre, die er in Apia verbracht hatte, wie auf ein Exil zurück und nahm das Leben, das ihm als das einzige normale erschien, mit einem Seufzer der Erleichterung auf.

William Somerset Maugham:
„Betörende Südsee"

Glossar

Chronometer: Transportable, sehr ganggenaue Uhr, deren Gehäuse sich durch kardanische Aufhängung auch bei einer Neigung des Schiffsrumpfes stets horizontal einstellt. Ein Chronometer wird in der Schiffahrt zur Positionsbestimmung eingesetzt.

Fregatte: Ab dem 17. Jahrhundert die Bezeichnung für ein aus der behäbigeren Galeere entwickeltes, wendiges, hochseetüchtiges und mit Kanonen bewaffnetes dreimastiges Segelschiff.

Karavelle: Vom 14. bis zum 16. Jahrhundert vorwiegend für die Entdeckungsfahrten der Portugiesen eingesetzter, langer und leichter Segelschifftyp mit wenig Tiefgang und meist hohem Heckaufbau.

Kartograph: Die Aufgabe eines Kartographen war es, nach Kartenvorlagen und nach Angaben, die durch wissenschaftliche Messungen bestimmt wurden, möglichst exakte Karten zu zeichnen, durch die eine Orientierung auf See möglich wurde.

Korvette: Ursprünglich ein breites, kurzes Segelschiff. Ab dem 17. Jahrhundert zum bewaffneten Handelschiff weiterentwickelt.

Kosmograph: Die bis ins 17. Jahrhundert übliche Bezeichnung für Geographen. Sie hatten die Aufgabe, die neuentdeckten Länder zu beschreiben.

Navigationsinstrumente: Alle Meß- und Recheninstrumente, die zur Bestimmung des jeweiligen Standortes und des Kurses nötig sind. Dazu zählen vor allem der Kompaß (im Abendland erstmals erwähnt um 1190), das Schiffschronometer (seit 1675), Winkelmeßgerät zur Beobachtung der Gestirnshöhen (Jakobsstab, Astrolabium und Sextant) und, seit 1676, die Mondkarten, die zur genauen Längenbestimmung nötig waren. Neuere Navigationsinstrumente sind zum Beispiel Echolot, Radar und andere Anlagen der Funknavigation.

Piroge: Ein aus dem Einbaum entwickeltes Schiff mit aufgesetzten Holzplanken, das besonders bei den Kariben, den Patagoniern, den Maori und anderen Küsten- und Inselbewohnern verbreitet ist.

Spanisch-Portugiesische Union: Durch die Annexion Portugals samt der überseeischen Kolonien durch Spanien unter den Habsburgern im Jahre 1580 erzwungene Union beider Länder. Portugal wurde dadurch in die spanischen Kriege mit hineingezogen, was für Portugal den Verlust der Molukken (1607), Malakkas (1641) und Ceylons (1656) zur Folge hatte. Durch die von Johann II., Herzog von Bragança (der spätere König Johann IV.) angeführte Revolte konnte sich Portugal von der spanischen Herrschaft im Jahre 1640 befreien.

tapu (Tapu): Ein polynesisches Wort mit der Bedeutung „untersagt" oder „verboten". Gemeint ist ein magisch-religiös begründetes Verbot, was bei Mißachtung eine übernatürliche Strafe, aber auch eine Ächtung durch die Gesellschaft zur Folge haben kann.

terra australis incognita (lat. = unbekanntes Südland): Seit Ptolemäus in der europäischen Antike herrschende Vorstellung von einer großen Landmasse, die als „Gegengewicht" zu den Kontinenten auf der Nordhalbkugel der Erde irgendwo im Südmeer liegen müsse. Die terra australis incognita ist nicht mit Australien identisch, was Abel Tasman durch seine Fahrten in den Jahren 1642 und 1644 bewies. Die Suche nach dem sagenhaften Südland ging weiter, bis James Cook auf seiner zweiten Reise (1772 – 1775) nachwies, daß dieses legendäre Südland nicht existierte.

Kleine Auswahl der weiterführenden Literatur

Seefahrer und Entdecker.

Urs Bitterli (Hrsg.): Die Entdeckung und Eroberung der Welt. Dokumente und Berichte. 2 Bände. München 1980

Die Entdecker. München 1979.

Paul Herrmann: Sieben vorbei und acht verweht. Das große Buch der Entdeckungen. Reutlingen 1958

Alistair MacLean: Der Traum vom Südland. München 1976

Hans Plischke: Magalhães. Die erste Weltumsegelung. München 1964

H. Scurla (Hrsg.): Auf Kreuzfahrt durch die Südsee. Berlin (Ost) 1964

Geschichte der Seefahrt.

Basil Greenhill (Hrsg.): Das Britische Schiffahrtsmuseum in Greenwich bei London. München 1982

Heinz Neukirchen: Seefahrt im Wandel der Jahrtausende. Bindlach 1986

Mythos Südsee.

Klaus H. Börner: Auf der Suche nach dem irdischen Paradies. Zur Ikonographie der geographischen Utopia. Düsseldorf 1983

Hans Ritz: Die Sehnsucht nach der Südsee. Berichte über einen europäischen Mythos. Göttingen 1983

Der „Edle Wilde" in der Geistesgeschichte.

Urs Bitterli: Die „Wilden" und die „Zivilisierten". Grundzüge einer Geistes- und Kulturgeschichte der europäisch-überseeischen Bewegung. München 1976

Karl Heinz Kohl: Entzauberter Blick. Das Bild vom Guten Wilden und die Erfahrung der Zivilisation. O. O., o. J.

Gerd Stein (Hrsg.): Die Edlen Wilden. Ethnoliterarische Lesebücher. 3 Bände. Frankfurt/Main 1984

Südsee heute.
Ulrich Delius: Tahiti – Französisch Polynesien. Südseeparadies unter dem Atompilz. Göttingen 1982

Hans Fischer: Warum Samoa? Touristen und Tourismus in der Südsee. Berlin 1984

Jürgen Ladenburger, Harald Beck, Annette Groth: Pazifi(sti)sche Träume. Über die Militarisierung der Südsee und den Widerstand der Bevölkerung. Basisinfo des Vereins für Friedenspädagogik. Tübingen 1986

Verwendete Literatur

Clara B. Wilpert, Südsee: Inseln, Völker und Kulturen. © Hans Christians Verlag, Hamburg 1987

Antonio Pigafetta, Die erste Reise um die Erde. © 1983 by Edition Erdmann in K. Thienemanns Verlag, Stuttgart-Wien

Louis-Antoine de Bougainville, Reise um die Welt. Berlin 1772

Georg Forster, Reise um die Welt. Berlin 1799

Eberhard Berg, Der Naturmensch aus: Zwischen den Welten. © 1982 Dietrich Reimer Verlag, Berlin

François Marie Arouet de Voltaire, Über die verschiedenen Arten von Menschen, aus: Schriften Band 1. © Syndikat Autoren- und Verlagsges., Frankfurt

Denis Diderot, Die Abschiedsrede des Greises, aus: PHILOSOPHISCHE SCHRIFTEN, Band 2. © 1961 AUFBAU VERLAG Berlin

T. O. Beidelmann, aus: Anthropos Band 78 von 1983. © Anthropos-Institut, St. Augustin

Sigrid Koch, Erzählung aus der Südsee. © bei der Autorin

Matthias Mersch, Frankreich als Atommacht. In: Ingrid Heermann: Mythos Tahiti. Berlin 1987 © Ingrid Heermann

Daniel Defoe, Das Leben und die unerhörten Abenteuer des Robinson Crusoe, aus: Romane, Robinson Crusoe-Kapitän Singleton. Herausgegeben von Norbert Miller, Band 1. © 1974 Carl Hanser Verlag, München/Wien

Robert Louis Stevenson, In der Südsee. © Manesse Verlag, Zürich 1976

Friedrich Gerstäcker, Tahiti. Berlin 1891–1901

Paul Gauguin, Meine liebe Mette. –, aus: Briefe. Übersetzt aus dem Französischen von Hermann Thiemke. © 1960 Rembrandt Verlag, Berlin

Herman Melville, Taipi. Düsseldorf, o.J.

Joseph Conrad, Almayer's Wahn. © S. Fischer Verlag GmbH, Frankfurt am Main 1972

William Somerset Maugham, Betörende Südsee, gekürzter Auszug. © 1953 by Verlags AG Die Arche, Zürich

Bildnachweise

Umschlag
Vorderseite: Karte des Pazifiks von Hessel Gerritsz, 1622. Paris, Bibliothèque nationale.
Buchrücken: Teilansicht des Dorfes Matavae auf Tahiti. Paris, Bibliothèque du Musée d'histoire naturelle.
Rückseite: Astrolabium mit den Tierkreiszeichen. Stich in: Petrus Apianus, Astronomicum Caesarium, 1540.

Bildvorspann
Abbildungen aus: Guillaume le Testu, Cosmographie universelle selon les navigateurs tant ancien que modernes, 1556. Vincennes, Service historique de l'Armée de terre.

Erstes Kapitel
11 Der Globus von Martin Behaim, 1492. Paris, Bibliothèque nationale.
12 Flotte portugiesischer Karracken. Gemälde, Cornelis Anthoniszoon zugeschrieben, Anfang 16. Jh. Greenwich, National Maritime Museum.
13 Pérégrination de Vincent Le Blanc, Marseillais, Faite aux quatres parties du monde, 1578–1584. Mss. fr. 5652. Paris, Bibliothèque nationale.
14 (oben) Wappen des Christoph Kolumbus. Pegli, Marinemuseum.
14 (unten) Bildnis des Christoph Kolumbus, Ridolfo del Ghirlandaio (1483–1561) zugeschrieben. Ebd.
15 (oben) Vasco da Gama. Mss. portugais 1. Paris, Bibliothèque nationale.
15 (unten) Heinrich der Seefahrer. Mss. portugais 41. Ebd.
16 Hafenansicht. Aus: Théodore de Bry, Navigatio in Brasiliam Americae. Vincennes, Service historique de la Marine.
17 Karracken. In: Guillaume Brouscon, Manuel de pilotage à l'usage des pilotes bretons, 1548. Mss. fr. 25374, Paris, Bibliothèque nationale.
18/19 (unten) Portulans von Domingo Texeira. Mss. portugais 1573. Ebd.
19 (oben) Vasco Nunes de Balboa. Stich aus dem 16. Jh.

20/21 Portugiesische Weltkarte von 1502, gen. „del Cantino". Modena, Biblioteca Estense.
20 (unten) Die „Victoria". Stich in: Levinus Hulsius, Kurtze, warhafftige Relation und Beschreibung der wunderbarsten vier Schiffarten, so jemals verrichtet worden, 1603. Paris, Bibliothèque nationale.
21 (oben) Bildnis des Fernando Magellan. Gemälde von Cristofano di Papi dell'Altissimo, 1580/90. Florenz, Galleria degli Uffizi.
22 Karte in: Antonio Pigafetta, Navigation et disvovement de la Indie supérieure, faicte par moy Anthoine Pigaphete, vincentin, chevalier de Rhodes 1519–22. Mss. fr. 24224 (anciens fonds). Paris, Bibliothèque nationale.
23 Die fliegenden Fische. Aus: Théodore de Bry, a.a.O.
24 Berechnung der geographischen Breite mit Hilfe eines Astrolabiums. Stich, 16. Jh.
24/25 Die Entdeckung der Meerenge durch Magellan. Stich in: Théodore de Bry, a.a.O.
25 Berechnung der geographischen Breite mit Hilfe eines Winkelmaßes. Stich, 16. Jh.
26 Les premiers oeuvres de Jacques Delvaux, pilote de la marine, 1583. Mss. fr. 150. Paris, Bibliothèque nationale.
27 Kannibalismus. Aus: Théodore de Bry, Americae tertia pars. Vincennes, Service historique de la Marine.
28 Brasilien aus dem Atlas Miller, um 1519. Paris, Bibliothèque nationale.
29 Die Magellanstraße. Stich in: Levinus Hulsius, a.a.O.
30 (oben) Die Magellanstraße. Karte in: Antonio Pigafetta, a.a.O.
30/31 Reise des Admirals Spibergen. Stich, 16. Jh. Ebd.
32 Die Ladronen. Karte in: Antonio Pigafetta, a.a.O.
33 Die Ladronen. Stich in: Levinus Hulsius, a.a.O.
34/35 Atlas von Baptiste Agnese mit dem Verlauf von Magellans Reise, 1543. Paris, Bibliothèque nationale.
36/37 André Thevet: Cosmographie universelle, 1575. Paris, Bibliothèque nationale.
38 (oben) Bildnis des Sebastian El Cano. Stich, 18. Jh.
38/39, 39 (oben) Aquarelle von einem Mitglied der Expedition des Pedro Fernandez de Quiroz, 1606. Madrid, Archivo de Simancas.

Zweites Kapitel
40 Reede von Makassar von Fred Woldemar, 1660. Paris, Société de géographie.
41 Gewürznelke. Stich, 16. Jh.
42/43 (oben) Ausschnitt einer Karte aus der Zeit Elizabeths I.: das Schiff von Drake in der Nähe der London Bridge. London, The Mansell Collection.
42 Wappen des Francis Drake. Paris, Gallimard.
42/43 (unten) Bildnis des Sir Francis Drake. Anonymes Gemälde, ca. 1580/85. London, National Portrait Gallery.
44/45 Die Festung von Batavia. Gemälde von Andries Beeckman, 1656. Amsterdam, Rijksmuseum.
44 Pfeffer. Stich, 16. Jh.
45 Markt in Indien. Gemälde, Albert Eeckout zugeschrieben, 17. Jh. Amsterdam, Rijksmuseum.
46 (oben) Bildnis des Jacob Lemaire. Stich, 17. Jh.
46/47 (unten) Die „Eendraght" vor Ijsselmonde (Ausschnitt). Gemälde von Aert Anthonisz, 1618. Amsterdam, Rijksmuseum.
47 (oben) Bildnis des Willem Schouten. Stich, 17. Jh.
48/49 Journal ou description du merveilleux voyage de Guillaume Schouten, Amsterdam 1618. Paris, Bibliothèque nationale.
50/51 (oben) Abel Tasman und seine Frau. Gemälde von Cuyp Jacob Gerritsz, 17. Jh. Canberra, National Library of Australia.
50/51 (unten) Federzeichnung aus Abel Tasmans „Journal". Den Haag, Algemeen Rijksarchief.
51 (oben rechts) Schiffe. Federzeichnung. Ebd.
52/53 Karte des Pazifiks von Hessel Gerritsz, 1622. Paris, Bibliothèque nationale.
54 Statue auf der Osterinsel. Zeichnung des Duché de Vancy, 1786. Paris, Gallimard (Pierre Pitrou).
55 Bildnis des William Dampier. Canberra, National Library of Australia.
56 (oben) Bildnis des George Anson (Ausschnitt). Gemälde nach Sir Joshua Reynolds, 1755. London, National Portrait Gallery.
56/57 Kampf zwischen der „Centurion" und einem Schiff von Manila. London, The Mansell Collection.
57 (oben) Voyage autour du monde faits dans les années 1740, 1, 2, 3, 4 par George Anson, 1749. Paris, Bibliothèque nationale.

Drittes Kapitel
58 Aquarellierte Zeichnung von Nicolas Ozanne (1728–1811). Sammlung Dr. Auffret.
59 Kompaß. Paris, Musée de la Marine.
60 Fische der Großen Insel. Zeichnungen von Duplessis bei der Expedition von Gouin de Beauchesne, 1700. Vincennes, Service historique de la Marine.
63 Zeichnungen von Nicolas Ozanne (1728–1811). Sammlung Dr. Auffret.
64–69 Sammlung der verschiedenen Kriegsschiffe von Nicolas Ozanne (1728–1811). Paris, Musée de la Marine.
70/71 Ankunft von John Byron in Patagonien. Paris, Archives nationaux.
71 Patagonier. Aus: Willem und Joan Blaen, Theatrum orbis terrarum sive Atlas novus, 1655. Versailles, Bibliothèque.

72 (oben) Kapitän Samuel Wallis wird auf der „Dauphin" von Tahitianern angegriffen. Stich. Paris, Bibliothèque nationale.
72/73 Wallis Island, Zeichnung von Samuel Wallis. Canberra, National Library of Australia.
73 (oben) Abtretung der Insel Tahiti durch die Königin Obera. Stich. Paris, Bibliothèque nationale.
74 (oben) Bougainvillea-Pflanze. Paris, Bibliothèque du Musée d'histoire naturelle.
74 (unten) Bildnis Bougainvilles. Gemälde. Paris, Gallimard.
75 (unten) Die Malvinen. Aus: Don Penety, Histoires d'un voyage aux isles malouines, Saillant 1770. Musée de Saint-Malo.
76 (oben) Ansicht von Neu-Kythera, Tahiti. Paris, Bibliothèque nationale.
76 (unten) Ankunft von Bougainville in Tahiti. Stich von Riccous. London, The Mansell Collection.
77 Bougainville in Tahiti. Canberra, National Library of Australia.
79 Entdeckung des Archipels der Louisiaden im Jahr 1768 durch Bougainville. Gemälde von Ambroise Louis Garneray, 1848. Manufacture de Sèvres.

Viertes Kapitel
80 Ankern bei den Freundschaftsinseln, dritte Reise von Cook. Gemälde von John Cleveley, 18. Jh. Greenwich, National Maritime Museum.
81 Bildnis eines Maori. Zeichnung von Sydney Parkinson. London, British Library.
82 (oben) Tragbarer Beobachtungsstand. Stich von Bernard. Paris, Archives nationaux.
82/83 (unten) Das Kohlenschiff „Earl of Pembroke" (später die „Endeavour") im Hafen von Whitby. Gemälde von L. Thos. Canberra, National Library of Australia.
84 Bildnis des James Cook von Nathaniel Dance Holland, 1776. Greenwich, National Maritime Museum.
85 (oben) Die Bewohner von Feuerland von Alexander Buchan. London, British Library.
85 (unten) Die „Bay of Good Success", Versorgung mit Wasser von Alexander Buchan, 1769. Ebd.
86 Neuseeländisches Kriegsschiff. Kolorierter Stich nach einer Zeichnung von Sydney Parkinson, 18. Jh.
87 Zwei Känguruhs von John William Lewin, 1819. Canberra, National Library of Australia.
88 Das Lager der Naturforscher in Port Jackson, Botany Bay. Aquarell von T. Gosse, 1770. Greenwich, National Maritime Museum.
89 Der erste Schiffschronometer von Harrison und seine Kopie von Kendall für Ground, verwendet von Cook bei seiner zweiten Reise. Ebd.
90/91 Die Insel Raiatea. Gemälde von William Hodges, 1773. Ebd.
92/93 Ansicht der Matavai Bay, Tahiti. Gemälde von William Hodges, 1776. Ebd.
94/95 Die Statuen auf der Osterinsel. Gemälde von William Hodges, 1775/76. Ebd.
96 Karte Tahitis, gezeichnet v. Cook. Stich, 18. Jh.
97 (oben) Ankunft in Tama, Neue Hebriden. Gemälde von William Hodges, 1775/76. Greenwich, National Maritime Museum.
97 (unten) Ankunft in Erramanga, Neue Hebriden. Gemälde von William Hodges, 1775/76. Ebd.
98 (oben) Menschenopfer auf Tahiti. Gemälde von John Webber (1750–1793). London, British Library.
98/99 (unten) Die „Discovery" und die „Resolution" vor Anker vor Tahiti. Gemälde von John Cleveley, 1778. Greenwich, National Maritime Museum.
99 Omai. Gemälde von Sir Joshua Reynolds, 1776 ausgestellt. Collection Howard Castle.
100 (oben) Cooks Tod. Stich von Bernard. Paris, Archives nationaux.
100/101 (unten) Cooks Tod auf Hawaii in der Bucht von Kealakekua. Greenwich, National Maritime Museum.

Fünftes Kapitel
102 Wasserfall von Port Praslin, Neuirland. Aus: Atlas historique du voyage autour du monde sur la „Coquille" von Louis-Isidore Duperrey, 1822/25. Paris, Bibliothèque du Musée d'histoire naturelle.
103 Papua-Männer des Bismarck-Archipels, Neuirland. Ebd.
104 Rebhuhnpärchen aus Nordkalifornien, gezeichnet von J.-R. Prévost. Vincennes, Service historique de la Marine.
104/105 Ludwig XVI. gibt Jean-Francois Lapérouse seine Anweisungen. Gemälde von Nicolas Monsian, 1817. Paris, Musée national des arts africains et océaniens.
106/107 Schiffbruch der Schaluppen am Eingang von Port-aux-Français. Gemälde von Louis-Philippe Crépin (1772–1851). Privatsammlung.
108 (oben) Bewohner von Port-aux-Français. Aus: Voyage de Lapérouse autour du monde, 1797.
108/109 Massaker von Fleuriot de Langle, Lamanon und 10 anderen Mitgliedern der beiden Mannschaften. Ebd.
110 (oben) Die „Recherche" und die „Espérance". Aquarell von Roux. Paris, Musée de la Marine.
110 (unten) Fest für General d'Entrecasteaux, gegeben von Tomban auf den Tonga-Inseln. Zeichnung von Piron. Paris, Musée de l'Homme.
111 Skizzen von L.-F. Lejeune während der Reise der „Coquille", 1822–25. Vincennes, Service historique de la Marine.
112 (oben) Ansicht eines Basaltfelsens bei Matavae, Tahiti. Aus: Louis-Isidore Duperrey, Atlas du voyage autour du monde sur la „Coquille", 1822–25. Paris, Bibliothèque du Musée d'histoire naturelle.
112 (unten) Ansicht eines Teils des Dorfes von Matavae, Tahiti. Ebd.

113 Skizzen von L.-F. Lejeune während der Reise der „Coquille“, 1822 – 25. Vincennes, Service historique de la Marine.
114 (oben) Piroge der Guap mit Segel, Karolinenarchipel. Aquarell von L.-A. de Sainson während der Reise der „Astrolabe“, kommandiert von Dumont d'Urville, 1826 – 29. Paris, Société de géographie.
114 (unten) Ansicht des Dorfes Nama auf der Insel Vanikoro. Ebd.
116/117 Ansicht der Eingeborenenhütten an der kleinen Bucht von Astrolabe, Neuseeland. Ebd.
118/119 Wasserholen am Hafen von Carteret, Neuseeland. Ebd.
120/121 Palou empfängt die Mannschaft der „Astrolabe“ im Männerhaus in Moua und hält eine „kawa“-Zeremonie ab. Ebd.
122/123 Die „Astrolabe“ und die „Zélée“. Aus: Dumont d'Urville, Voyage au pôle Sud et dans l'Océanie, 1837 – 40. Paris, Bibliothèque du Musée d'histoire naturelle.
124 Einbaum in Vanikoro. Aus: Voyage de la corvette „l'Astrolabe“, 1826 – 29. Ebd.
125 Fassade und Details des Heiligen Hauses im Hafen Dorey, Neuguinea. Ebd.
127 Hohe See am Kap der Guten Hoffnung. Aquarell von Augustus Earle (1793 – 1838). Canberra, National Library of Australia.
128 Ankunft der weißen Männer am Louisiade-Archipel. Gemälde v. Sir Oswald Brierly, 1860. Ebd.

Zeugnisse und Dokumente

129 Stich aus: André Thevet, a.a.O.
131 Strand einer Südseeinsel, aus: Mythos Tahiti: Südsee – Traum und Realität. © Ingrid Heermann.
135 Christoph Kolumbus auf Haïti. Stich, 16. Jh.
136 Behausungen und Gerätschaften der Eingeborenen. Stich in: Antonio Pigafetta, a.a.O.
139 Bougainville pflanzt das französische Banner auf einen Felsen an der Magellanstraße. Stich in: Moore, Voyages and Travels, 18. Jh.
141 Mann aus Neuseeland. Stich in: James Cook, Atlas, 1778.
142 Stich von Riou in: Hetzel, Les enfants du Capitaine Grant. Paris, Gallimard.
143 Jean-Jacques Rousseau. Stich, 18. Jh.
144 Königin von den Karolinen-Inseln. Stich in: Jacques Arago, Promenade autour du monde, 1822. Vincennes, Service historique de la Marine.
146 Voltaire. Bronzebüste von J. A. Houdon.
148 Denis Diderot. Stich, 18. Jh.
150 Gleichgewichtsspiel auf den Sandwich-Inseln. Stich in: Jacques Arago, a.a.O.
153 Tonganerin mit Kind, aus: Clara B. Wilpert, Südsee. Inseln, Völker und Kulturen, © Hans Christians Verlag, Hamburg 1987.
154 Junge Frauen auf Burtaritari, Kiribati. Ebd.
156 Götterfigur aus Stein von den Marquesas-Inseln, © Museum für Völkerkunde, Basel.
157 Grünsteinfigur. Foto: Helmut Müller-Schillig. Freiburg, Städtisches Museum für Völkerkunde.
158 Mallanggan-Maske aus Neuirland. Foto: Helmut Müller-Schillig. Ebd.
159 Krieger aus Neuholland. Stich in: Jacques Arago, a.a.O.
160 Mann von den Sandwich-Inseln. Stich in: James Cook, a.a.O.
161 Häuptling Sigadrondo von den Fidschi-Inseln. Aus: Clara B. Wilpert, a.a.O.
162 Kokosschalen als Wasserbehälter. Foto: Helmut Müller-Schillig, a.a.O.
164 Amerikanischer Atombombenversuch 1946 auf Bikini. Aus: Clara B. Wilpert, a.a.O.
166 Militäranlagen der Amerikaner auf dem Marshall-Atoll Kwajalein. Aus: Clara B. Wilpert, a.a.O.
167 Strand einer Südseeinsel, aus: Mythos Tahiti, a.a.O.
168/169 Die Südsee. Karte. Paris, Gallimard.
170 (links) Insulaner spaltet Kokosnuß, aus: Mythos Tahiti, a.a.O.
170 (rechts) Insulaner am Strand, aus: Mythos Tahiti, a.a.O.
171 Südsee-Schönheit, aus: Mythos Tahiti, a.a.O.
172 (oben) Tourismus in der Südsee, aus: Mythos Tahiti, a.a.O.
172 (unten) Strand einer Südseeinsel, aus: Mythos Tahiti, a.a.O.
173 Supermarket. Foto in: Clara B. Wilpert, a.a.O.
175 Robinson Crusoe. Aus: Hans Ritz, Die Sehnsucht nach der Südsee, © Muri Verlag, Göttingen
177 Stevenson in Vailina. Foto: Gallimard, Paris.
179 Fischer auf Samoa. Foto: Gallimard, Paris.
184 Nave Nave Ferrua (Köstliche Erde). Holzschnitt von Paul Gauguin, 1897. Paris, Gallimard.
185 Maruru (Danke). Holzschnitt von Paul Gauguin, 1899. Paris, Gallimard.
188 Gigantischer Feigenbaum auf Nuku Hiva. Stich in: Dumont d'Urville, a.a.O.

Register

Inhalt